階級のない国の格差

誰も知らない中国労働事情

増田英樹
Hideki Masuda

教育評論社

推薦の辞

高井伸夫法律事務所所長・弁護士　高井　伸夫

今年は中国が改革開放政策を実施して以後三〇年の節目の年である。そしてまた、五四運動九〇周年、建国六〇周年、六四事件二〇周年という色々な意味で敏感な年でもある。世界の歴史上初めての共産党一党独裁による社会主義市場経済を実行した中国を、誰がドイツを抜いてGDP世界三位の国になると予測したであろうか。然しながら、「先富論」を唱導し爆発的な高度経済成長を牽引した鄧小平にしても、かくまであらゆる意味での格差の拡大を予想していただろうか？　何清(フェチン)漣(リェン)はその著書『中国現代化の落とし穴』（草思社／一九九二）のなかで、中国には五色の経済が跋(ばっ)扈(こ)していると喝破した。即ち、黒色経済＝汚職腐敗の権銭交易、灰色経済＝偽物の製造販売、白色経済＝麻薬取引、黄色経済＝ピンク産業、青色経済＝密輸、である。残念ながら、これら指摘は現在でも改善されたとは言えない。

いや、汚職腐敗は益々猖獗(しょうけつ)を極めていることは中国政府も認めているところである。そして、「農村から都市を包囲する」中国式革命方式で主役を務めたはずの農民が、そして労働者が却って置き去りにされてきたことは事実である。一〇〇〇万元以上の個人資産保有者が八二万五〇〇〇人を占める一方で、年四四〇〇元程度の収入しかない農民は八億人弱に達する。一億七〇〇〇万人にも上る農民工は過酷な出稼ぎを強いられ、一〇〇年に一度とも言われる金融危機で更に辛酸を舐めさせられている。胡錦涛政権は「和諧社会」を提唱し、「農業・農村・農民」の三農政策の積極的推進を図っている。折しも、世界規模の金融危機は、正に農村を中心とする内需拡大注力への追い風となっている。

さて、本書の著者増田英樹氏は、オムロン社時代からの小職の畏友である。同氏がオムロン社勤務時代に心血を注いだ中国事業の豊富かつ貴重な経験から得た知見を余すところなく記述した本書は、従来にない（中国に於ける）労働問題、就中、農民工を含む複雑且つ一筋縄では行かない〝中国的〟とも言うべき根本的な労働環境からの鋭い視点で貫かれており、他の追随を許さぬ内容となっている。かくまで深い経験に裏打ちされた本分野の労作を小職は寡聞にして知らない。

一般的には、海外進出に際しては当然のこととして商社機能に頼るのに対し、オムロン社自身は商社機能活用を潔しとせず、現地調査、進出の為の諸手続、更には現地の関連行政諸機関との折衝等独自に実行することを基本方針としていたことも同氏の経験をより一層深めたのであろうことは想像に難くない。ともあれ余人には窺い知れない経験はかくも他者を圧倒するものか、と改めて感じ入った次第である。是非一読をお薦めする次第である。

二〇〇九年五月吉日

プロローグ

二〇〇五年七月の暑い日

大連から瀋陽に移動する日の朝、車に乗り込もうとしたそのとき、携帯電話が鳴った。二〇〇五年七月二七日のことである。

「T社さんで、ストライキが起こったらしい……です。」と、大連市の経済技術開発区の友人からの電話であった。

このときは、別段驚かなかった。大連では昔、マブチモーターでストライキがあったし、当時、単発的なストライキは、中国全土で起こっていたからである。

しかし、このストライキが、多くの日本企業に波及する前代未聞の山猫ストに発展するとは、想像もしなかった。その間、大連市政府、経済開発区委員会、日本企業を巻き込んだ、新中国の労働史始まって以来の大争議になり、収束に約三ヶ月もかかった。

まさに驚天動地、大連の真夏の白昼夢の出来事であった。

この年二〇〇五年は反日運動が吹き荒れていたので、うがった見方もあったし、権利意識に芽生えた労働者の要求が民主化運動に発展する恐れもあった。

中国当局は、むしろそのほうを恐れたのではないだろうか。

だから、市政府もなりふり構わず、解決に向けて主導権をとって行動した。

渦中にあった関係者は、いままでの常識を超えた複合多発争議で、正確な情報がつかめず、このストライキがどのように進展していくのか分からなかったのが本音だろう。

いま、振り返ってみると、この山猫ストは、多くの問題を提起したことになる。とてつもない速度の経済発展が中国の社会システムの変化を引き起こし、ぬるま湯に浸っていた日本企業の経営者に、労働者が変化を求めて突きつけた匕首(あいくち)ではなかっただろうか。

これを契機に、中国の労使関係は新しい時代を迎えることになった。


私はオムロン在籍当時、関西生産性本部の国際交流委員会副委員長として、一九九四年から何回か訪中団を率いて中国を訪問した経験がある。

調査団のテーマが、「中国における生産性向上方策と労使関係構築を考える」とか、「中国における人事・雇用制度の新潮流」などであり、ネーミングは堅苦しいが、要は中国の労働問題を十数年定点観測してきたわけである。ライフワークと言っては大げさだが、大変興味をもってこの問題を見守ってきた。

かつて上梓した『中国ビジネス旅日記』『中国商人の知恵』（ともに東洋経済新報社刊）でも、訪中団のことに触れている。

もともと人一倍好奇心が旺盛で、なぜ、このようなストライキが起こったのかを見極めるためにも、いま一度、現場からみた中国の労働問題を整理しておきたいと思って、筆をとったわけである。

ただ、激変している中国をみるにつけて、いま起こっていることだけを掬い上げても変化の本質には触れられないであろうと考えた。

そこで、「労働問題」という切り口を座標軸に据えてみると、現在中国の抱えるいろいろな課題が浮かび上がってくる。そう思ってまとめ始めたが、深掘りすればするほど、本質論にぶちあたり、正直言ってとても手に負えないことが分かってきた。変化の最中の中国では、評価が定まっていないことが多く、まとめ方にもさらに工夫がいるように思われた。

現場からの視点の切り口でみるほうが、読者にとって身近だと思い、テーマごとにエッセイ風に綴ってみた。労働問題の中心は、言うまでもなく労働者、すなわち人である。人に眼差しを置き、さまざまな側面からそこにいる人のことを描いてみた。

少しでも読者の参考になればと願っている。

二〇〇七年の大連は、日中国交回復三五年のお祭りで沸いていた。あの悪夢の山猫ストも蜃気楼が消えていくように忘却の彼方に押しやられたかのようにみえる。

私たちはいろいろな教訓を得たが、中国人労働者たちも同様に学んでいることを忘れてはなるまい。真夏の夜の悪夢は、いずれもっとエネルギーをためて、正夢になるかもしれないのである。

転換期を迎えた中国社会システム（高度成長から安定成長へのギアシフト）

社会システムとは、制度と文化の総和である。

中国の制度は、共産党が指導する社会主義市場経済であり、文化は五〇〇〇年の歴史のなかで培われた独特のものである。

制度は、時代とともに変遷する。現在の制度は、一九九二年に鄧小平が導入したもので、それ以前は計画経済であった。

現制度が導入された際も、市場の原理に基づく市場経済が社会主義のもとで成り立つかどうか、多くの議論を呼んだ。中国の中央政府、地方政府は、魅力的な優遇策を用意して日本企業を誘致し、世界の工場を目指す中国の安い労働力は、中国に多くの日本企業を惹きつけた。原材料の調達も可能になるとコストも下がり、九〇年代は日本企業の進出ラッシュとなった。

一九七八年の改革開放政策が、例えて言えば、八〇年代のセカンドギアから九〇年代はサードギアに入り、力強く巡航速度に向かって、トップギアに入るところまでスピードが上がってきた。W

ＴＯに加盟し、各種の規制が緩和されて巨大なマーケットも視野に入ってきた。

急成長の段階では、いろいろな矛盾も顕在化してこなかったが、安定的な高度成長を目指す段階で、懸念されていた市場経済と社会主義の狭間の問題点が顕在化し、日本企業もようやく気が付いてきたのである。

典型的な例として、本書のテーマである労働問題がある。社会主義計画経済の下では、労働者は社会の主人公であった。揺り篭から墓場まで、国有国営企業はすべての面倒をみてくれていた。いわゆる「鉄飯碗（てっぱんわん）」（「鉄の飯茶碗」の意で、落としても割れることがなく、生涯食べることに使えるということから、解雇され食いはぐれる心配のない雇用待遇のこと）という制度であった。

ところが、市場経済の名の下に、国営企業が合理化され、失業者が街にあふれだす。生涯安泰であった主人公の地位が逆転したのである。その立場になって初めて、労働者は自分たちを守るシステムがないことに気が付いた。セーフティネットも完備されておらず、労働組合も存在しない。

資本主義国は、労働争議の荒波をくぐって、物凄い授業料を払って安定した労使関係を築いてきた。いまの一流企業のほとんどは、赤旗が立った経験をしている筈だ。共産主義の国から資本主義の終焉のように煽られた階級主義のなかで、労使が勝ちとったいまのシステムが存在する。

中国では、その伝統的な労使関係を経験しないままに、市場経済のなかに放りだされた形で、労働者は自らを守るシステムをもっていないのである。労働法とか工会法などの法律があり、紛争処理の手続きなどは規定されているが、すべて体制派が調停することになっている。

市場経済の進展と先富論のお墨つきを得て、富めるものとそうでないものとの差が大きくなり、沿岸部と内陸部、国営企業と民営企業、都市部と農村部といったさまざまなレベルで所得格差ができ、社会不安につながってきている。

社会システムのもう一つの要素である文化の面でも、一衣帯水といいながらも、彼我の差の大きなことに、皆、気が付き始めている。

中国の国旗は五星紅旗（ごせいこうき）と呼ばれる。地の赤い色は革命をあらわし、左上の大きな共産党の星を四つの小さな星が囲んでいる。農民階級、労働者階級、民族資本階級、小資本階級である。経済発展とともにこれらの星は一段と輝きをみせてきたが、労働者の星は、いまひとつ輝きが鈍いようだ。

中国の労働者は、急激な経済発展で激変している社会のなかで翻弄されてきている。その労働者の星は、今後どのように輝くのであろうか。社会主義市場経済の下での労使関係や工会と呼ばれる中国式労働組合などの中国労働問題は、日本のそれとは基本的に違う。その違いを理解するためには、その奥深い本質をみることが不可欠であると思う。

いろいろな視点があると思うが、本書では社会の視点、労働の視点、文化の視点から現場のエピソードを中心にヒントになる事象を積み上げて本質に迫るように試みた。

二〇〇九年六月

階級のない国の格差◉目次

第一章

激しい社会変化と市民生活への投影　19

第二章　突然襲いかかるストライキの嵐　77

第三章

労働契約法に当惑する日本企業　133

第四章

「変」と「不変」を取り持つ文化的DNA　163

第一章

激しい社会変化と市民生活への投影

点から線へ、線から面へ〜地域経済と労働力往来〜

「中国は、三つの地域を重点的に、戦略的に統合して発展させていく」と、中国大使館の商務処の呂淑雲（ローシューウン）公使参事官は切りだした。雑誌「コロンブス」のインタビューアーとしてお会いしたときのことである。

話を聞きながら、中国もいよいよ新しい時代に入ってきたな、と感慨深かったことを覚えている。

呂公使は続ける。

「三地域とは、一つはグレーター華南。香港とマカオを加えた華南地域（広東省、福建省）に貴州省、四川省、湖南省、江西省を加えた地域です。二つ目はグレーター華東、すなわち長江デルタ地帯をさらに拡大した地域で、三つ目は環渤海湾地域に東北三省（遼寧省、吉林省、黒竜江省）を加えた地域を指します」（左頁地図参照）

中国政府は一九七八年に改革開放政策をとり、一九八〇年に、深圳（シェンチェン）、厦門（シアメン）（アモイ）、珠海（チューハイ）、汕頭（スワトウ）のいわゆる珠江デルタ地域を特別経済開放区に指定した。爾来四分の一世紀前、この地域は、中国経済発展の牽引車となり、深圳（珠江デルタ地域）のＧＤＰは年平均二八％と驚異的な伸びを

中国三大グレーター・エリア

示した。

二〇〇八年度では、一人当たりのＧＤＰも一万三一五三ドルと中国トップで、輸出額は一七九七億ドルと一六年連続一位となった。

この磐石の経済基盤を中核として、五つの経済開放特区の都市の発展に刺激を受け、その周辺の都市が発達し、一大経済発展地域となった。華南経済地域である。

つまり、点が集まって、線になり、小さいながら面として育っていった。

今回、中国政府は、この華南地域に香港とマカオを加え、さらに前述の後方の四省を加えて、グレーター華南という地域を誕生させた。

理由は二つある。

一つは、経済発展が進んだ華南の地域は、労働力を内陸の貧しい省に頼っている。人材資源をそれらの省に求め、お互いに相互依存しながら、補完的な関係を強化させて経済発展を広げ、沿岸部と内陸部の経済格差を縮めようとする狙い。

二つ目は、この地域を取り巻く外国との貿易、経済協力をその地域に任せて、さらなる経済発展を図ることである。

また、地域経済の自立と活性化を目指した新しい地域社会の誕生である。

同様に、上海、長江河口のエリアの江蘇省、杭州、温州の浙江省、安徽省を加えたグレーター華東（上海）エリア。

そして、環渤海湾エリアに東北三省を加えたエリア。

これらのエリアも発展した沿岸部の都市と内陸の地域とを一体化して、また海外貿易、経済協力をその地域に地理的に近く、歴史的にも縁のある諸外国との連携をとることにより、自立した経済圏を発展させることにある。

すなわち、中国の経済発展は、点（都市）から線（都市間の連携）、線から面（地域経済圏）に地域的な相互依存をしながら広がってきている。

呂公使の言われることは、鄧小平の提唱した先富論*をトリガーにして、狭義の地域から広義の地域経済を自律的に自立させることを目指し、いろいろな矛盾を解消していこうというものである。

さて、労働力供給の流れは、経済発展の流れと逆である。面から線へ、線から点へという流れになっていた。つまり、労働者たちは、各地域の後方の経済発展が遅れた広大な地域（面）から、一斉に沿岸部の経済の発展した都市へと流れていった。

経済の発展が内陸の面の部分にまで及ぶと、労働者たちは必ずしもはるばる沿岸部まででてくることはなく、地場で職にありつくことができるようになる。だから、沿岸部の都市の企業は、ひところに比べて、低賃金で労働力を確保するのに苦労することになる。

これが労働力不足といわれる一つの原因である。しかし、賃金の地域間格差が依然大きい現実をみると、この流が止まるのは相当時間がかかると思う。例えば、『中国統計摘要2007』によれば、中国本土の三一省レベルの行政区のなかで、一人当たりのGDPは、上海が常に一位で、貴州省が常に最下位であった。

二〇〇六年の上海市の一人当たりGDPは五万七三一〇元で、貴州省の五七五〇元の一〇倍もある。二〇〇〇～二〇〇六年の六年間の数字をみても、GDPの絶対額は増えているものの、この倍率はほとんど変わってない。

従業員の一人当たり平均賃金は、上海市四万一一八八元に対し、貴州省一万六一八一五元で、上海市が二・四倍という数値も六年間変わっていない。

労働市場の需要と供給の関係で、いまの賃金で雇おうとすれば、確かに難しくなるかもしれない。しかし、賃金を上げれば、まだまだ豊富な労働力は、内陸の面の部分に潤沢にある。

しかも、沿岸部の都市では、この労働力を期待している。

だから、マスコミが取り上げる「日本の製造業の労働力不足」という言葉が独り歩きすると、誤解を受けると思う。

＊　一九八五年頃から鄧小平が唱えた、「豊かになれる人から先に豊かになり、そして貧しい人々の暮らしを助けよ」という改革開放政策。

銀座四丁目は中国人だらけ～海外旅行ブームの夜明け～

「今年の旅行は敦煌にしよう！」と、北京事務所長。

「……」と、社員全員。

「敦煌は、ロマンが一杯で楽しいよ！」と、事務所長。

「……」と、社員全員。

「ええ、そんなら何処がいいの？」

「香港か、ソウル、海外なら何処でもいい」


オムロンの北京事務所は、毎年ゴールデンウィークを利用して社員旅行を行っていた。昨年は四川省の九寨溝（チウチャイコウ）に行ったので、今年は敦煌に行きたいと思ったのは、北京事務所長の藤田君（現在は国際交流基金北京事務所長）である。また、敦煌なら中国人社員も絶対賛成する、と考えた。

ところが、である。冒頭の「……」は、中国人の無言の否定の表現で、敦煌はいやだという意思表示である。日本人にとって、敦煌は、一度は行ってみたいところである。シルクロードの中継点であり、莫高窟（ばっこうくつ）の彫刻は仏教文化の極致であると皆思っている。

子供の頃に読んだ孫悟空の話、井上靖の小説『敦煌』や、平山郁夫画伯の数々の敦煌の仏像を描いた作品、ＮＨＫのシルクロード特集など、いやがうえにも日本人のロマンをくすぐる。

一方、中国人の若者にとって敦煌などあまり興味がないようだ。興味がないわけではないにしても、いつでも行けると思っている。

せっかくお金をだして行く旅行なら、いまや香港や韓国のほうがよいらしい。

海外旅行は、かつてはお金があっても行けなかった。いまでも、大変煩雑な手続と多額のお金がかかる。が、やっと海外旅行ができるようになった。

要は、不可能なことが可能になったのである。

中国は、観光資源の宝庫である。

中国は、日本の二六倍の広さと五〇〇〇年の歴史をもつ。内陸部は世界遺産が数多くあり、世界中の観光地を席巻してきた日本人にとって、未知の異郷である。交通の便さえよければ、ぜひ行きたいと思っている日本人は多い。

ところが、中国人にとってはいつでも行ける観光地である。

この中国人と日本人の観光旅行に対する微妙な差は、新しい観光産業の到来を予想させる。

東京オリンピックの開かれた一九六四年から大阪万博の開かれた一九七〇年にかけて、日本は高度成長期であった。北京オリンピックの二〇〇八年、上海万博の二〇一〇年を睨む中国も高度成長が期待され、よく日本と対比される。

四〇年のタイムラグがあるが、当時の日本の成長エンジンは、重厚長大の重工業中心であった。一方、現在の中国の成長エンジンは、あらゆる産業発展が一度に到来して重層かつモザイク型の産業構造をなし、重厚長大、軽薄短小型産業から、情報・サービス産業が一度に花を開き始めている。当時の日本と現在の中国を比較すると、経済成長のモデルは似て非なるものである。しかし、経済成長を背景とした国民の意識は、よく似ていると思う。

六〇年代の日本は、高値の花だった海外旅行が手の届くところまできていた。世界の観光地を紹介していた兼高かおるのテレビ番組を、多くの日本人は胸を躍らせてみたものである。中国でもこのところ、海外旅行がとくに増えてきている。もし兼高かおる流の番組が登場したら人気がでるだろう。

日本の航空会社にとっても、千載一遇のチャンスである。日中航路を開拓すればするほど日本人を中国に送り込み、中間所得層が半分をしめる中国各地の主要都市からの観光客を日本に誘致できる。航空路線も主要都市間を網の目のようにネットワーク化（直接乗り入れ、国内線との連携）すれば、計り知れないマーケットになる。

因みに、二〇〇六年に日本にきた外国人は七三三万人いるが、そのうち中国人は八一万人で全体に占める割合はほんの一一パーセントに過ぎない。一方中国の年間海外渡航者は、二〇〇五年には三四〇〇万人（中国国家観光局調べ）で、二〇〇六年には四〇〇〇万人を超えたといわれている。そのうち日本にきた観光客は二パーセントにしかならない。

そして、思う。

中国人観光客の増加は、観光ビジネスの問題ではなく日本と中国の相互理解のきっかけであると。いまだに、多くの中国人にとって日本人のイメージは、中国の映画にでてくる旧日本軍のイメージであると、よく言われる。中高年はもとより、中国各地にある戦争博物館を訪れる若者たちにとっては、日本のその面の印象が強烈であると思う。

しかし、旅行者の増加につれ、文明的な日本社会、礼儀正しい日本人の姿を自分たちの目で確かめ、日本に対する印象や風評が徐々に変化していくのではなかろうか。

先日、東京銀座で観光客と思われる一家の人たちに呼び止められた。四丁目を背景に写真を撮ってほしいという。カメラを差しだして手まねで説明する。それもその筈で、どうも東南アジア系の外国人らしく、言葉が通じない。

最後に、「謝謝（シェシェ）」と言われ、中国人と分かった。

周りを見渡してみて驚いた。中国人の旅行客で一杯であった。どうも中国本土からの観光ツアーの一行のようであった。後日、出入りの旅行社の人に聞いたら、なんでも、日本向けのツアーでは、銀座を訪問地に入れないとお客さんが怒るという。とくに、デパートは人気が高いようだ。

そういえば、銀座の某デパートの一階に中国のカード会社（銀聯（ぎんれい）カード）のＡＴＭが置いてあった。

中国で着実に富裕層が育っている証拠である。

サービス業界へ人は流れる～製造業は人手不足～

「お～い、もう少し年をとったのはいないのかね」と、某日本企業の総経理（社長）の藤原さん。

「もう少し若いのは、いないのかね」ではない。

ここは、銀座ではない。中国は広州市のカラオケバーでの話しである。

北京、上海、大連、深圳などの大都会の繁華街は、派手なネオンの光を撒き散らしたカラオケバーが軒を並べている。オイルショック前の銀座、赤坂のキャバレー、ナイトクラブも顔負けするキンキラキンの不夜城である。

日本企業の戦士たちは、昼間はゴルフ、夜はカラオケバーで日頃のストレスの発散をしている。いや、ストレスの発散だけでない。そこも仕事の延長線上になる。日本から訪れる上司やお客様の接待には欠かせない場所である。だから、日頃から顔の利くゴルフクラブとか飲み屋を確保しておかないと、駐在員の務めが果たせない。

さて、冒頭の会話であるが、いま大都市のカラオケバー、飲み屋さんには、労働法に触れるのではないかと思われる若い小姐(シャオジェ)のホステスで一杯である。

「こーんばんわ！　わたしメグで〜す。あなたのおなまえは？」

「僕は、山田です」

「えー、どんな字をかくの？」

「ほら、山川の山、中国語にもあるでしょう。マウンテンよ。田は、お米を作る田んぼの田」

などと、コミュニケーションが始まる。

そのうち、話が通じなくなると、紙ナプキンを広げる。老眼鏡がないのでキャンドルを近くに引き寄せて、「山田」と書いてメグちゃんにみせる。

メグちゃんも、片言の日本語でいろいろなことを聞いてくる。紙に書いて会話が始まる。

中国語が喋れない出張者の山田さんは、漢字の威力をつくづく実感し、感心する。

そして、気が付けば、いつの間にかお客を接待すべき小姐たちに、一生懸命日本語を教えることになる。カラオケに入れた歌がでると一緒に席をたって歌う。

「山田さん、おじょ〜ずねぇ〜」

「君もうまいね」

かくして、赤坂ではない、広州の夜はふけてゆく。

中国のバーとかカラオケバーは、ほとんどすべてが素人（?）の若い小姐ばかりで、北京あたりの店だと、黒竜江省など東北三省の田舎からでてきて働いている娘が多い。はじめは、身なりも素朴で垢抜けしていないようだ。しかし、この道はこの道で、鍛えられ、あっという間に容貌は見違えるようになる。

とはいうものの、年端の行かない子達である。まともな会話は所詮無理な話である。

駐在員で中国語を話すこの道のベテランの藤原さんにとって、たまには洒落た会話をしたい。が、なにしろ相手が自分の娘より若いのだから、無理である。たまにくる出張者のように、日本語を教える気も起こらない。

だから、「もっと年寄りはいないのかね」ということになる。

大都市の工場では、人手不足で悩んでいるという。かつては工場しか働く場のなかった若年女性労働者は、いま、風俗関係の店をはじめ、サービス産業に職を求めるようになった。要は経済の発展とともに産業構造も変わり、働く場所に多くの選択肢ができてきたのである。

国家統計局によれば、二〇〇六年の中国全体のGDP総額に占める第三次産業の割合は、約四〇パーセントであった。WTO加盟により、サービス業は自由化され急激に成長している。WTO加盟直前の二〇〇〇年が二七パーセントであったから、五年間で一・五倍になっている。

この傾向は、主要都市ではもっと顕著である。

例えば、北京市のGDPに占める第三次産業は、二〇〇七年には七一パーセントにもなる（北京市統計局調べ）。WTO加盟後の二〇〇二年には六九パーセントだったので、北京市自体のGDPの伸びを考えると、北京市のサービス産業の規模は二倍に増加している。

ちなみに、二〇〇六年の北京市の三次産業の内訳は次の通りである。

金融一八％、情報・ソフト一三％、卸小売一三％、不動産九％、交通・物流・倉庫八％、ホテル・飲食四％、その他三五％となっている。

第三次産業は、知的労働者の受け皿になっているが、小売、ホテル、飲食店は単純労働者も多く必要としている。

だから、奥地の労働者はいまも大勢都会にでてくるが、働く先は必ずしも工場ではない。都市近郊の工業団地では、人手を集めるのに大変苦労をしている。離職率も高くなっている。まわりに魅力的な職場ができたからである。結果的に、製造業にとって人手不足になってくる。

北京、広州、上海といった大都市だけでなく、中国の中小都市もこれからは第三次産業が発達してくる。大都市を避け、地方に設立した工場もいずれ同じ悩みを抱えることになる。

さて、藤原さんだが、最近はストレス解消法として足裏マッサージに通っている。カラオケではストレスがたまる一方だそうだ。

人口大国の労働力はどこに消えたか～隠れた労働力の分布～

労働力不足と人件費アップは、社会主義市場経済の下で相関関係があるのだろうか。

日本と中国の人件費の差がよく問題になる。

現在の中国の労働者の賃金水準は、日本の一〇分の一である。

二〇〇七年八月に、日本政府は最低賃金を現行の時給六七三円から平均一四円引き上げを目安にすることを決めた。

中国でも二〇〇七年は、各地の最低賃金が軒並み引き上げられた。大連市の場合、同年の一二月二〇日に月六五〇元から七〇〇元に引き上げられた。最低賃金ベースで月当たりに換算すると、日本は約一一万円で、大連は約一万円。まさに一〇分の一である。

さて、もう一つの課題は、労働力不足である。いままでは内陸の潤沢な労働力があり、企業は優位な労働条件で必要なだけ供給を受けていた。雇用契約も一～二年で新人に切り替えて人件費の抑制ができていた。つまり、労働需給のインバランスの時代であった。その結果、世界一の競争力のあるコストを達成し、中国の経済発展に寄与したことは周知の通りである。

ところが、経済発展とともに所得水準が上がり、また、労働者の権利意識も芽生え、簡単に労働者を切り替えて賃金を低水準に抑えることができなくなってきた。労働者が就職先を選択する時代になってきたのである。

賃金だけでなく、福利厚生を考えたトータルな労働条件、環境問題などで、企業間、産業間の競争が始まり、中国では3K事業*が淘汰される時代になってきた。既に、労働集約型の低水準賃金の産業は、中国からベトナム、インドに逃避し始めており、中国企業ですら、海外に展開している。

中国は広いから地方によって濃淡があるが、大連などでは、二〇〇八年の春先から労働者（労務工）の採用が難しくなってきている。以前は必要人数を簡単に集めることができたが、最近では何社かの労務公司（人材派遣会社）に声をかけ、時間をかけてやっと必要人数の確保ができている状況（大連日本企業の某総経理の話）で、この傾向は、開発区の日系企業全般に言えることである。

従業員に報奨金をだして人数確保に協力してもらっている企業もあり、年齢制限や視力のレベルを下げないと確保は難しくなってきている。折角採用してもすぐ高い給料のところへ転職していくことも、顕著な現象である。

労務工の退職率は大連では四パーセントを超える状況で、サービス業への転職も多いと聞いている。

だから、労働力不足といっても、労働者にとっては、産業構造が多様化するなかで就職先の選択肢が増えた訳である。賃金水準を含めた労働条件の下で、以前の状況に比べると、製造業では労働力は不足しているが、絶対数は安定してきているとみるべきではなかろうか。

労働者の賃金水準は日本の一〇分の一であることを述べた。日本の四〇年前の水準である。この水準から賃金が上昇する。すべての労働条件は、賃金を含め、労務コストに反映されるから、労務費を変動費として経営に柔軟性をもたせてきた中国の日本式経営に限界がいずれくることになる。日本企業はこれからがまさに真剣勝負である。

長期雇用についても、ベテラン社員が必要だから、長期固定でも当面問題にならないであろうが、今後は、企業の従業員の平均年齢が徐々に上がっていくので、この面からも生産コストは、当然上昇する。

しかし、一方では、中国経済はさらに発展し、産業構造も高度化していく。また、多くの中産階級を生むので、高付加価値のものが売れるようになってきて、コスト高を吸収するようになる。

したがって、製品戦略・販売戦略の工夫などすれば、当面は世界一の生産力、コストは揺るがないと思われる。

このような状況に鑑み、中国政府はその状況を反映すべく、労働法の変更（すなわち労働契約法として）を実施しただけという見方もできる。

雇用期間などみても、かつての中国の自由さからは制限が増えるが、いままでが特殊な状況だった訳で、もとに戻ることはないとすれば、早めに経営姿勢・経営戦略を切り替えることが必要ではないだろうか。

製造業の日系企業、その工場は、既に就業規則、労働契約書、労務公司との契約書（労務工への対応）など、見直しを完了していると聞く。今後は、労働法、労働契約法のコンプライアンス遵守の部分と、給与水準も考慮に入れ、労働者に魅力ある企業としての存在感を示すことが肝要であろう。

労働市場での製造業の競争相手は、同業のグローバル企業だけではない。これから次々にあらわれるサービス産業が強敵である。これからますます産業構造の高度化が進み、先進国が辿ってきた道をゆくことになる。

理論上四〇年の時間差は、中国の経済発展のスピードからすれば、かなり早く縮まってくるのではなかろうか。

＊　仕事が「きつい（Kitsui）」「汚い（Kitanai）」「危険（kiken）」の意。

大学生の「日系企業嫌い」は本当か？

「どうも、日本人は自虐性が強いなぁ」

と、つくづく思う。

国や企業レベルで中国の経済発展に多大な貢献をしているにもかかわらず、日本企業の人気が芳しくない、といったデータや論調が目に付く。

冷静になれば、必ずしも正しくないことに気が付くのだろうが、ときとして、無条件に信じ込むようなことが起こる。

例えば、中国のリクルート専門サイト「中華英才網」が毎年発表する「中国大学生人気企業トップ五〇」ランキングがある。それによると、トップ五〇社のなかに、日本企業はパナソニックとホンダ、ソニーの三社しか入ってない（左頁参照）。

そのランキングを、日本のジャーナリストや一流の雑誌が再三再四引用して、「日本企業は人気がない」とコメントする。

五年間も同じランキング表をみせられているので、つい、「そうかぁー」と、思ったりするが、一方で「いや、違うのではないか」と、もやもやとした感じが残っていた。

いままでは、思い当たるフシもあるから、「そうかなぁー」が「やっぱり、そうだ」になってしまっていたのだが。

思い当たる「フシ」とは、よく指摘されているように、日本企業は欧米企業と比べて、「給与水準、賃金体系とか賃金制度の運用（評価）」に課題があること、人事制度の改革にとどまらない「マネージメントの革新」、すなわち、「日本的経営」からの脱皮、「経営の現地化」が不十分なこと、などである。

本当に日本企業は人気がないのであろうか？

もしそうなら、何故か？

大学生たちが求めているもの

前述の人気企業ランキングは、香港、マカオ、台湾を含む三四省の六五六大学、一三一六社の企業と三六業種に及んでいる、かなり大規模な調査である。

しかし、中国の就職事情に詳しい方々から話を聞くと、この統計データだけで、「日本企業は学

大学生人気企業ランキング 2007

順位	企業名	本社所在地
1	レノボ	中国
2	CMCC	中国
3	ハイアール	中国
4	ファーウェイ	中国
5	P&G	アメリカ
6	IBM	アメリカ
7	マイクロソフト	アメリカ
8	広東核電	中国
9	アリババ	中国
10	百度	中国
11	中国電信	中国
12	グーグル	アメリカ
13	テンセント	中国
14	シーメンス	ドイツ
15	中国銀行	中国
16	内蒙古蒙牛乳業	中国
17	サムスン	韓国
18	モトローラ	アメリカ
19	GE	アメリカ
20	シノペック	中国
21	TCL	中国
22	HP	アメリカ
23	万科	中国
24	ZTE	中国
25	中国石油天然気	中国
26	網易	中国
27	ウォルマート	アメリカ
28	マーズ	中国
29	パナソニック	日本
30	ノキア	フィンランド
31	フォックスコン	台湾
32	海信	中国
33	美的	中国
34	招商銀行	中国
35	広州本田（ホンダ）	中国（日本）
36	プライスウォーターハウスクーパーズ	イギリス
37	国美	中国
38	ジョンソン&ジョンソン	アメリカ
39	中国聯合通信	中国
40	ユニリーバ	オランダ
41	インテル	アメリカ
42	マッキンゼー	アメリカ
43	HSBC	中国
44	上海盛大網路	中国
45	ICBC	中国
46	ソニー	日本
47	ペプシ	アメリカ
48	新浪	中国
49	コカコーラ	アメリカ
50	ネスレ	スイス

「中華英才網」調べ

生に不人気」と断じるのは危険であると気が付いた。

以下は、中国の大学生を実際に採用しているオムロンの現場の責任者に聞いた話である。

現在、中国には、あらゆる業種、業界で世界のトップ企業のほとんどが進出している。進出企業の国籍別に会社の公用語をみてみると、

一．台湾、香港企業――中国語
二．韓国企業――中国籍の朝鮮族の人材が多く韓国語、又は英語
三．欧米企業――英語
四．日本企業――日本語、または英語？

学生の就職機会からすると、英語人材が圧倒的に有利である。だから、専門学校や大学の学生のほとんどは、英語を選択し、当然のことながら欧米系の会社に就職を望むことになる。

つまり、先の人気企業ランキングで中国企業、米国企業が多いのは当然の結果であり、逆に日本企業が三社も入っているのは、「評価している」と言うこともできるのではないだろうか。

しかも、英語を除けば、ドイツ語、フランス語、スペイン語などの人材に比べても、日本語のできる人材は非常に多い。日本語人材は日系企業に限られるものの、現在も日本語を学ぶ学生、日本

語学科を置く大学も増え、年々卒業生が増えている。

世界の国で中国ほど日本語人材の多い国はない。それだけ日本の影響は大きく、日本語を学ぶ人が多いということは、日本に強い関心をもっているからに他ならない。世界にこのような国が他にあるだろうか。

オムロンの広州にある車載部品工場（オムロンオートモビル広州＝ＯＡＧ）のスタッフ（ホワイトカラー）の二〇パーセントは日本語ができる。必要であれば、さらに、日本語人材を集めることもできる。また、三〇パーセントは英語人材であり、五〇パーセントのスタッフが、英語か日本語で仕事上のコミュニケーションができる。

これも驚異的なことではないか。アジアの他の国（シンガポールを除く）で、これだけの比率で外国語が堪能な人材を集められる国はない（藤原ＯＡＧ総経理）。

「中華英才網」の人気ランキングで中国、欧米企業に人気が集中するものの、日系企業でも大企業では優秀なスタッフを集めるのにはそれほど苦労はしていない。ただ、中小企業や立地が悪いところに進出した日系企業は、日本語人材を大手日本企業にとられて苦しいという話は聞く。例えば、広州でも、日本語人材はトヨタやホンダなどに先ず流れ、中小の下請けなど下に下りてくるほど、競争、雇用条件、給料などが上がっていく傾向があるようだ。

また、中国では、日本のように会社に入ってから配属が決まるのではなく、欧米のように専門のキャリアを生かす採用システムなので、広報とかマーケティングといった専門知識を要する特別な部門については、優秀な日本語人材の獲得に苦労するらしい。

大連のように、日本語人材が豊富であるところは、大連の工場に適した優秀な学生を集めるのに苦労しないし、むしろ日本語ができる学生は、優秀な日本企業に就職したがる。

ところで英語を話す優秀な人材は、上海、北京を始めとした大都市、給料の高い南部（深圳など）に就職を求める傾向が強いようだと、オムロン大連の総経理、西川武氏は話してくれた。

さらに、「個人的な思いであるが」、と前置きして、

「大連工科大学を始めとする大連地区の一流大学の学生よりも、奥地と言っては失礼かもしれないが、例えば、ハルピンや西安地区の大学生のほうが、ハングリー精神も旺盛でやる気があるので、そのような人材の募集を考えている」、とも語ってくれた。

一般論として、日本式経営に馴染めない中国人も多いことは事実であるが、最近、逆に日本企業は居心地がよいという中国人も増えているそうである（北京内田総研・内田俊彦社長）。

日本企業も欧米式の成果報酬制度をとり入れ始めているし、マネジメントの現地化も加速しているので、それに日本的経営のよさを加えると、中国人学生にも人気がでてくるのではなかろうか。

さて、二〇〇八年の『中国教育年鑑』（人民教育出版社刊）によれば、二〇〇七年の大学募集人員は九九七万人であり、卒業生は四九五万人であった。卒業しても就職できない就職浪人が五五パーセントもいる現実からみて、学生のフラストレーションは、高まるばかりだろう。

労働者、農民の失業者の数と比べると少ないが、この若い就職浪人の知識層は、自らの不満はもとより、不満分子を煽り、社会不安を引き起こす大きな要因の一つであると言われている。

彼らのような就職浪人が、毎年、一〇〇万人単位で生まれているとしたら、就職の場を与える日本企業に殺到してもおかしくないと思う。

だとすれば、「日本企業は中国人学生に不人気」という根拠も、なんとなく怪しくなってくるのではないだろうか。

最後に、日本語弁論大会のトピックスを二つ紹介してこの節を終えたい。

一つ目は、二〇〇五年に天津で開かれた大会、二つ目は、翌二〇〇六年に北京で開かれた大会である。

中国の落研

「今日は残業しないで帰ろう。うちのお嫁さんきっとびっくりするぞ。家族が一番。家族が一番だから、嫁さんを喜ばそう」

「ただいま」

「あら、もう帰ってきたの。なんで？　会社つぶれたの？」

桂文珍が、「日本のお父さん」を演じているのではない。中国人が演じているのである。

二〇〇五年九月二九日に天津外語学院で、中国で初めての全中国日本語弁論グランドチャンピオン大会が開かれた。全国の代表二一人の参加者のなかから優勝した大連外国語学院の生徒、黄明淑（コウメイシュー）さんの発表のなかの一節である。

黄さんの発表のテーマは、「中日の相互理解は笑いから」であった。難しい議論でなく笑いこそが、心の余裕を与えるのだということを、そしてそれが日中の国境を越えてお互いに理解する近道であることを、ユーモアを交えて四分間、演じきったのである。

黄さんは、大学に落語研究会を立ち上げようとしている。日本の大学に必ずある〝落研〟、文化祭とかで引っ張りだこで人気があるあの〝おちけん〟である。

大連外国語学院の学園祭のだし物で、黄さんが日本の落語を熱演している姿を、想像するだけで楽しい。

黄さんは、小柄で屈託のない、どこにでもいるような女学生である。打ち上げのパーティで、くりくりした目といま風のパーマのかかった頭で、愛嬌を振りまいている姿は、女性落語家の雰囲気をもっている。むしろ、引率の先生のほうが緊張している様子であった。

中国では、日本語弁論大会が全国各地二十数ヶ所で開かれている。私が関係している首都圏（北京、天津）の「日中友好の声」弁論大会は、二〇〇六年で一五回目を迎えた。主催は、日本の東方通信社と中国の教育部の日本語学会である。ＳＡＲＳなどで中止になった年もあるが、一七年も続いている。

この一五回という記念の年に、中国からの要請もあり、各地で開かれている弁論大会のチャンピオンを集め、「チャンピオン　オブ　チャンピオンズ」を決める全国大会を開くことになった。中国で初めての画期的な全国大会ある。

その他に有名なのは、大連のキヤノンが主催している大会も二〇年ほど続いていると聞く。日本のイトーヨーカ堂や日立のような大手企業も、留学生支援の活動などに加えて、弁論大会を開催している。

日本企業の評判は、ホワイトカラー人材に不人気だと言われる。特に有能な中国人大学生の間で芳しくない。

しかし、弁論大会に出場した学生に聞いたところ、ほとんどが日本と係りのある仕事に就きたいと言っていた。日本が好きだから、日本企業に就職が有利だから、日本語を勉強しているのである。この人たちも優秀な大学生である。

東方通信社の調べだと、日本語を教えている大学、高等学校、その他の政府関係の機関などを入れると中国で四五〇ヶ所くらいあり、日本語を勉強している人たちは九〇〇万人もいるらしい。日本や、日本の会社が嫌いなら、日本語の勉強などしないだろう。

つまり、このように、日本を理解する中国の学生が、年々多くなってきているし、この弁論大会で優秀な成績を残した学生は、民間企業は勿論のこと中国政府の第一線で活躍していることを指摘しておきたい。

日系企業が直面する有能人材の採用、定着率の課題もペースは遅いが改善されている。熱気あふれる弁論大会の生徒たちをみていると、「就職先人気ランキング」調査に一喜一憂することはないと思う反面、どういうわけか圧倒的に女子生徒がおおいのも少々気になるところだ。

日中友好の声

「マスコミの報道は、一面に偏りすぎて全面的に報道していない。なにか大きなものを見落としているのではないだろうか。視聴率を上げるには、やむを得ないかもしれないが、もっと大きな目をもってバランスある報道をしてほしい……」

これは、日本人の識者の話ではない。二〇〇六年一二月一六日に北京で開催された日本語弁論大会での、中国人学生の発表である。

演台からの発表は、熱意がひしひしと伝わってきた。

また、別の弁士は、「メディアが進むにつれて、本当のコミュニケーションが少なくなってきている。メディアのコントロールも進んでいる」とも訴えていた。

「日中友好の声」主催の首都圏の弁論大会は、この年（二〇〇六年）で一六回目を迎え、二〇〇五年から同時に行われている日本語弁論大会グランドチャンピオン大会も二年目となった。中国側で後援している中国国際広幡電台（北京放送）の開局六五周年記念大会となっている。

第二回グランドチャンピオン大会には、全国の二六大学、三一名が参加していた。この年のテーマは「私とメディア」であった。

中国はメディアのコントロールが厳しく、ちょうど雑誌「氷点」が反政府的な報道をしたとして発行停止にされた（後に、復刊された）記憶が新しい頃で、演題の年度テーマについて、関係者の間でちょっとした不安があった。しかも、学生が参加者（中国では、弁士と呼ぶ）だったのでなおさらである。

しかし、このような心配は杞憂に終わった。そして、メディアの無責任さを批判する声が多かったのには、少なからず驚かされた。

「人間一人ひとりがメディアである。自分のなかにあるメディアという役割を大切にしたい」と若者たちの声を聞きながら、着実に何かが変わりつつあると感じた。

ソフトウェア開発に人材あり

昨今の中国ソフトウェア産業の隆盛をみるにつけ、どうしても忘れることができない一言がある。中国がWTO加盟を直前に控えた二〇〇〇年暮れのことである。その頃、オムロンの上海ソフトウェア会社の日本の責任者として、野村総合研究所の中国進出のお手伝いをしていた。

「中国でも、将来ソフトウェアエンジニアの賃金が相当あがりますよ。中国でのソフトウェアの開発競争力も期待ほどでなくなるかもしれませんよ」と、言った途端に、次のような返事が返ってきた。

「それは承知しています。問題は、日本でソフトウェアの人材不足のほうです。つまり、日本人の高い賃金を払ってCAD・CAMのような単純なソフト開発をしていたのでは、とても競争力を維持できません。それ以上に深刻なのは、CAD・CAMのような単純なソフト開発をするような人がいなくなることです。だから、賃金うんぬんより人材の確保が目的です。仮に、賃金が日本と同じ水準になっても、かまいません。将来の人材の確保のほうが重要な経営課題です」

野村総合研究所副社長太田清史氏（当時）のコメントである。太田さんは、その後同社の副会長を務め、株式会社アルゴ21の社長からキヤノンマーケティングジャパン常勤顧問に転出された。

とにかく、論客である。

議論をしていても、常に先を読んでいて、論旨がぶれない。それもいつも正鵠（せいこく）を射ている。一〇年前に、「中国の労務費アップは仕方がない。それより日本の人材不足が中国で補えればよい」と、言い切った経営者は当時いなかったように思う。

当時、日本のソフトウェア会社の中国進出は、殆どが低コスト狙いであった。この業界は、ソフトウェアエンジニアの給料が上がり採算がとりにくくなり、中国進出を余儀なくされた。ちょうど、製造業が歩んできた道と同じである。その結果、製造業では空洞化が社会問題になった。

さて、一九九〇年代の後半から中国進出を果たした製造業の多くは、自社の現地法人にソフトウェア部門を作り自社向けのソフト開発を既に開始していた。専業のソフトウェア、システム開発の専門会社が中国にでる前のことである。

例えば、オムロン。

オムロンが中国でのソフトウェア開発を始めたのは、一九八八年一二月であった。上海国際科学技術公司と共同出資で合作経営会社を設立した。「上海中立計算機有限公司」（現在は「上海海隆ソフトウェア株式会社」と名前が変わっている）である。

社長は、東南大学（現南京大学）を卒業し、国費留学生で日本にきて京大で学んだ包叔平（パオシュウピン）さんが就任した。最初はオムロン本社（技術本部）の傘下で、R&Dとしてオムロンが開発していたワークステーションのオペレーティングソフトウエア（ＯＳ）の開発などをしていた。一九九六年に私が主管している現地の統括会社（日本主管：中国事業開発本部）に属することになった。従って、私自身少なからず実際の業務に参画することになった。

Ｒ＆Ｄ、ソフト受託、ローカル事業と順調に発展していくのであるが、この会社のことはソフトウェア事業もさることながら、中国進出日本企業の現地化という点からもいろいろと教訓があるので、章を改めて詳しく紹介したい。

この会社は、同業者でも早いほうであった。何しろ当時上海でのソフト開発会社は、四〇社ほどしかなかったし、規模の面では上位五社に入っていた。

さて、専業のソフトウェア事業、システム開発事業の中国での進出の仕方はいろいろあったが、大別すると左記の三通りになる。

一．ソフトウェア開発をそのまま中国企業に下請けさせる
二．中国ソフトウェア会社と合弁を設立する
三．中国に独資の会社を設立する

この時期は、あくまで開発コストを下げるための進出であった。製造業とまったく同じパターンである。

太田社長のように、将来の日本の技術者不足を念頭に入れ、中国でのソフトウェア人材の賃金上昇を織り込んだものではなかったと思う。

現在のソフト・システム開発関連の技術者の賃金は、初任給で三〇〇〇元～四〇〇〇元程度で、五年以上の経験者は一万元以上の相場になっている。

因みに、一〇年前に比べると、初任給は五〇パーセント上がってきたが、五年以上の経験者は、一〇〇パーセント上がっている。

まさに、太田理論が実証されたことになる。

中国の主婦は料理が苦手か？～共稼ぎを支えるワークシェアリング～

ジャンさんは、日本の中国法人の副総経理格で、知性のある中年男性である。

ジャンさんの朝は、朝ごはんの材料の買い物を近くの市場で済ませ、家族のために朝食を作るところから始まる。

「ついでに洗濯も済ませるよ」と、こともなげに言う。

「えぇー、本当に」と、驚いたのは、私だけではない、一緒に聞いていた日本人全員が顔を見合わせた。いまから一五年くらい前、中国人の幹部との懇親会の席であったと思う。

中国では共稼ぎは常識であり、家事の分担はどうなっているのか率直な疑問をもっていた。それでも、日本の習慣からすると、家事は女性が当然するものと考えていた。日本の中年男性には、これが常識であった。主人が外で働いて家計を支え、主婦は家庭を守ることに疑問の余地がなかった。

過去形を使ったのは、日本でもこの伝統が崩れつつあるからである。

中国でも、新中国成立前は主婦制度の社会であった。日本と同じである。中国にはこういう表現がある。

「男主外(ナンヂュワイ)、女主内(ニュヂュネイ)」(「男性は外、女性は内」という儒教の伝統的な考え)

これが社会の基本であった。理屈はない。人間の本能である。

男は、力が強い。だから、古代から男は狩をして獲物をとり、女はそれを料理する。そして子供を生み、子育てをして、生活全般をみる。人間の本能的な合理性に疑問の余地はない、といままでも思うが、現在ではそうでないらしい。

「男女平等」である。

清王朝が滅びて、中華民国の後半時代、孫文の思想のなかに男女平等が唱えられる。新中国になりこの考えは一挙に広がり、制度として定着する。毛沢東は「婦女能頂半辺天」(「女性が天の半分を支えている」の意)を打ちだして女性の社会進出をさらに加速させた。

つまり、社会主義の基本制度である「男女平等」である。

共稼ぎは常識となる。法制度も共稼ぎを前提として作られている。だから、配偶者控除などの税制はない。当然世帯主の男の収入のなかに家族の扶養手当としての優遇策がない。

すべてのシステムが共稼ぎベースになっている。医療保険も男女それぞれの職場でかかっている。

家事も当然男女平等になるはずであるが、どういうわけか家事は男の仕事になる。それも三〇歳以上の世代では、習慣からこれを是としているが、若い世代、特に三〇歳以下になると男女ともに料理を作らない、というより作れない。

三〇歳前後で子供ができると、田舎の親に、または親を田舎から呼んで、子守をしてもらい、夫婦は共稼ぎを続ける。あるいは、農村からお手伝いさんにきてもらう(左図参照)。男女平等でも、この点は、セーフティネットが十分でないようだ。従来の企業主体制度が崩れ、新たな制度ができ上っておらず、託児所などの社会保障部分が遅れていることは否めない。結局、両親が補完せざる

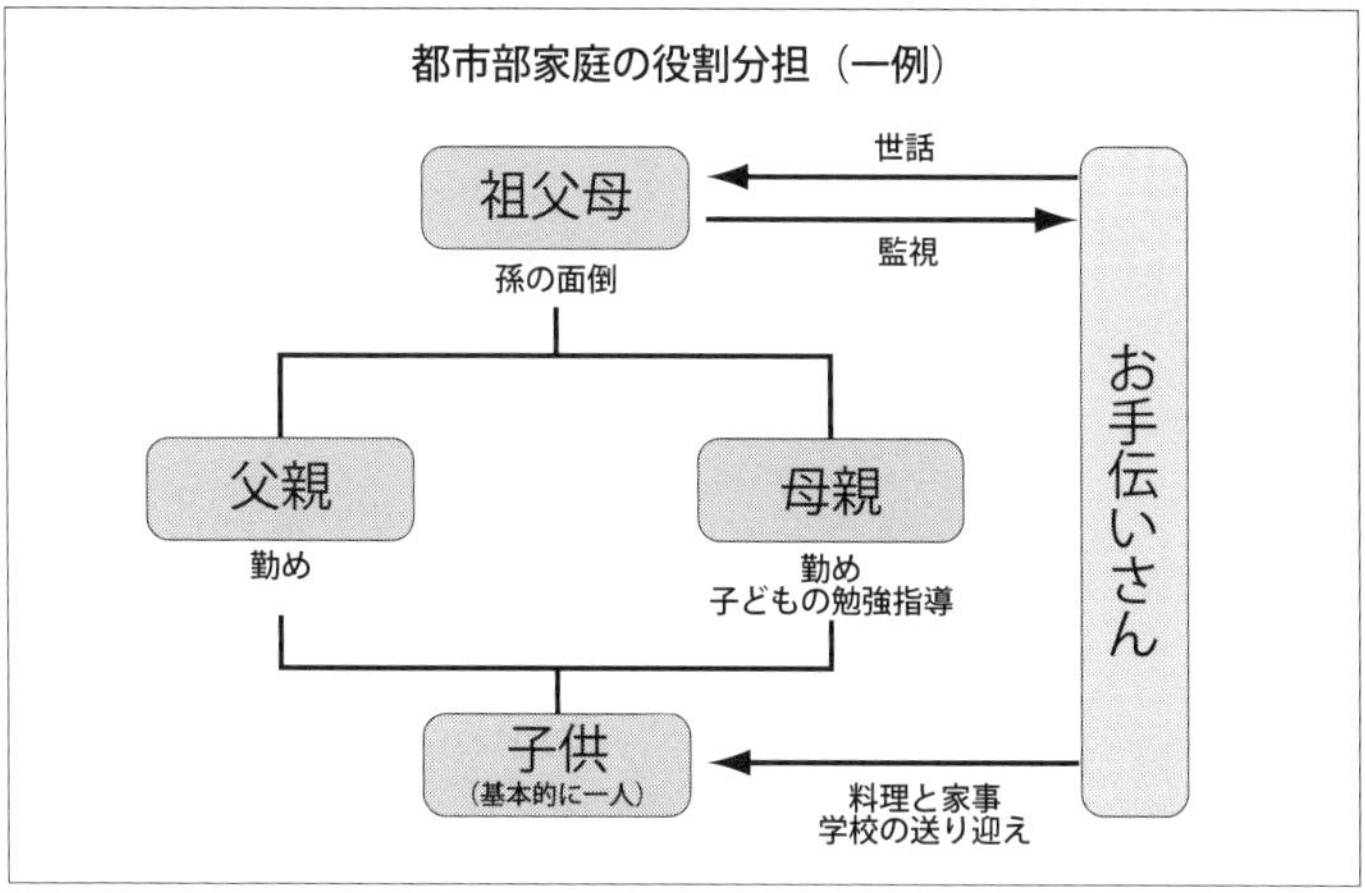

共稼ぎ家庭の多くが、お手伝いさんを雇っている。

を得ないのが現実である。

最近日本でも広がっている一年間の育児休職のような制度はなく、基本は産前、産後のみである。祖父母やお手伝いさんは子供が二歳になるまで両親の穴埋め役を担っているようだ。

最近の裕福層には、専業主婦があらわれているそうだが、一般の家庭ではこの共稼ぎは変わらない。三〇歳代の夢は、家と車をもつことだから、夫婦一緒になって稼ぐことになる。

ただ、この共稼ぎは経済的な問題だけでみると間違うようだ。都市部の女性は職場で働くことが自己実現であるという意識をもっている。

だから、男女同権はますます進化していくように思われる反面、男はつらいよ、と思われる点も多々ある。

日系の工場では、工員は女性が多いが、全体では男性の数のほうが多いようで、女性のほうが圧倒的に優位である。スタッフの間では、結婚を申し込むときは、家の手当てが付いていることが男としての条件らしい。

蛇足ながら、男女同権は離婚率が高い。日本と違って、基本的に慰謝料がいらない、らしい。子供の扶養費の一部を負担すればよい。つまり、男にとって離婚はしやすいことになる。

社会での男女の活躍はどうだろうか。

日本企業の現役総経理をしている友人は、ざっと次のような話を聞かせてくれた。専門学校卒以上で、就職する人達は、平等意識が非常に強い。定型的な業務などでは、やはり女性のほうがしっかりしていて、会社として頼れる。

また、マネジャーも結構多い。しかし、さらにその上になると、官庁、民間でもやはり男が多い。いずれの場合でも、日本に比べると女性の比率は高い。

この点は、おそらく中国でビジネスをしている日本人は感覚的に同じ意見だと思う。私自身も統計的な数字をみたわけでないが、実感として納得できる現象である。

中国の男性の友人に、

「夫婦の間で女性が偉いといろいろと支障があるのではないか」、と単純な疑問をぶつけてみた。答えは、

「旦那の面子が立たない！」

であった。

そこで、中国男性の夢を代弁すると、日本のような専業主婦の制度のほうが合理的である。家のことや子供の面倒をみる役割は、奥さんにやらせたほうが理に合っている。但し、旦那の収入は、奥さんの収入の分も国や企業からだしてもらいたい。それがでないようだとこの夢は実現できないということになる。

日本の専業主婦制度も変わりつつある現在、社会制度が違う国民の価値観を比べるのは難しいし、その社会制度が変革しつつあるなかで結論をだすのはさらに難しい。

とくに、中国では社会格差が半世紀以上続いているなかで、「男女平等」を明確に定義することは難しいようだ。都市部と農村部、都市部にあっても企業に勤める女性、しかもホワイトカラーかブルーカラーかによっても、女性の立場、役割、考え方、など多様化していて画一的に論ずることはできない。

オムロンの広報を一手に担っている劉さんと、旦那の役割について話してみた。劉さんは、弊著にいつも登場する、典型的な中国のワーキングウーマンというかキャリアーウーマンである。

「どうも、中国では家事は旦那の仕事になるね……」

と、言った途端に
「日本よりはね！」

ときた。

劉さんとしては、社交辞令的発言で、本音は「当り前！」と言ったところだろう。

「どの視点によるかによりますが」

と、劉さんは続ける。

「女性の社会進出という意味では、社会的なワークシェア（注：労働法でいうワークシェアリングでなく、単に、仕事の分担を指す）は中国のほうが日本より優れています。しかし、受験戦争の激化や、企業の男性中心傾向により自己実現をギブアップする若い女性が増えてきました。男性の立場からみた場合、中国男性は日本男性より負担は大きいでしょうが、社会人としてだけではなく家族人としても日本人男性よりも優れています」

と、男性の負担を認めながら胸を張り、逆に「日本のキャリアママの負担が大きすぎますよ」と、同情してくれた。そして、社会保障についても次のように説明してくれた。

「中国は全体的に女性が勤めることを前提に都市社会が形成されています。その意味で女性同士のワークシェアやセーフティネットは日本より健全にできています。昨今の商業化によって過度に秩序崩壊したものですが、この五～六年で新たな秩序が形成されてきました」

最後に、労働契約法の条文も、共稼ぎ労働者の視点からみることが必要である、という点を強調しておきたい。

モザイク模様の所得格差

市場経済の罠

①中流階級の台頭

「君は、中流階級か」と、聞かれたらどう答えるであろうか。

あるいは、「上層中流か（アッパーミドル）」と、さらに聞かれたら頭を悩ますかもしれない。プライドもあり、現実の収入もありで、わが身に省みて複雑な心境になる。

中流階級とは、資本家などの有産階級と労働者などの無産階級との中間の社会層。そのなかで裕福な暮らしをしている上位層をアッパーミドルと呼ぶ。

こと中国になると、そもそも統計数字が曖昧で、年間所得額も大体こんなところだという程度で、よく分からない。

日本も中国も所得格差の問題は、いま一番ホットな政治課題になっている。どちらも格差が広がっているが、日本は一億総中流が上と下にバラケ始めているのに対して、中国は低い所得層から中流階級が育ち始めている。

日本のことはさておき、中国人の中流階級とはどの程度の所得層を言うのであろうか、まず中国政府がどのように定義つけているのか調べてみたが、社会科学院は、中産階級は日本円にして二〇〇万円から四〇〇万円の財産をもっている（日本の物価水準でみると、感覚的に八〇〇万円から一六〇〇万円位か）所得層で中国全都市の四九パーセント、人口の一九パーセント（二・五億人）といっているようだがこの根拠はよく分からない。

こういうときは、いつも自分で調べてみることにしている。当局の数字と異なるかもしれないが、実感として納得するからである。

そこで、中国に住んでいる中国人、日本にいる中国人、日本の関係者に片っ端からあたってみたが、驚いたことにほぼ同じような感触をもっていた。

ここで注意しなければいけないのは、中国はほとんどが共稼ぎであるので中産階級、中流階級という場合、世帯収入も基準としなければならない。

少し冗長になるが、次の通りであった。第一線で活躍している方たち、しかも、私の親しい中国人と日本人の本音の話なので、当たらずといえども遠からずと思われる。


みんな個人的な感触ですが、と前置きして、「大体月五〇〇〇元以上、世帯収入として月一万元以上の収入」を挙げていた。根拠は、一万元あればマンション購入時に三〇〇〇元のローンも可能で、無理をすれば自家用車も買えるからだという。


広東省の大手日本法人の日本人総経理の話。

中流階級を構成しているのは、役所、企業に勤めるマネジャー以上の人達。または、都市の外資系企業などに勤める若い人達（家から通い、一人っ子なので、給料全部を消費に回せる）で月収五〇〇〇元以上の人。

このクラスは、広州の日本企業では係長クラス。係長から上になると、観光、衣食住などにかける費用に余裕がでてくる。課長クラスになってくると、月収が八〇〇〇～九〇〇〇元以上で、中流の中から上、すなわちアッパーミドルになり、自動車保有が射程距離に入ってくる。
ちなみに、基本的な生活は二〇〇〇元でできる。

私の友人で中国の日系一流企業に勤めている管理職の某君は、もっと詳しく話してくれた。面白い切り口なので紹介すると、

曰く、

一．ホワイトカラーであること

二．年齢三五歳以上であること（産業領域によっては、例えばＩＴ産業などは、三〇歳前後もある）

三．・大企業（以前は、外資企業を主に言ったが、最近は中国企業でも賃金が高くなっている）の管理職、あるいは入社一〇年前後の高収入者

・または、中小企業の個人経営者

・近年は、公務員、大学教授、知識階級（収入が急増しているとのことである）

四．年収は、エリアによって違いがあるが、年二〇万元

五．大学卒以上の教育を受けたもの

六．大体、家と車をもつ

これらの人は、将来に対して不安感が低く、養老、保険制度の保障をもっている。たぶんこのクラスは、中流、資産階級のなかでもいわゆる上層階級であろうと思われる。

②経済成長の光と影

市場経済の発展は、急激な中国の経済成長をもたらしたが、同時に光と影の部分を生みだした。影の最大の問題が、国民の所得格差である。所得格差は、資本主義社会であれ、社会主義社会であれ、市場経済である以上生まれるもので、勝ち組と負け組がはっきりしてくる。

中国の場合、鄧小平の先富論で市民権を得て、市場経済発展のなかでの勝ち組になった人達と負け組あるいは勝ち組に入れなかった人達との間の所得格差がモザイクのようになっている。

都市部と農村部、沿岸部と内陸部、国営企業と民営企業間などに大きな格差が生じ、複雑な様相を呈していて簡単に整理できない。この所得格差の拡大が社会不安の最大の原因となっていることは間違いない。

日本では、中流が分解して上流と下流に分かれてきて、この格差問題が政治問題になっており、喧々諤々（けんけんがくがく）、毎日のように議論になっている。

例えば、二〇〇六年二月五日付朝日新聞の一面は『「みんな中流」崩れた』と大々的に次のように報じている。

「日本経済は停滞から抜けだす気配だが、働き手は「一億総中流」ではなくなった。「市場万能主義」が強まるなかで、企業は面倒見のよさを捨て、政府は自助を強調し、社会保障費などの抑制を進める。経済競争の勝者と敗者、都市と地方などの間の格差拡大や対立を放置すれば、ともに助け合うべき社会は分裂に向かう」

一方、中国は、下流から豊かな中流階級が生まれてきている。どちらが社会不安を生みだすだろうか？

中国の経済成長の光の部分は、鄧小平の先富論の果実である、ニューリッチ・中産階級の台頭である。

物事を定量的に捉える限り、数字を挙げざるを得ないが、正直なところ、中国の統計数字の信憑性というか、根拠がはなはだ心もとない。よく言われているが、中央と地方の国民所得統計の不一致はよく目にするし、成長率などもどこまで正しいか分からない。それを引用する日本の関係者も正確に分析して引用しているのではなく、そのまま使っている。そして、さらにその数字を引用している人達がいる。だから、そのレポートの数字は、てんでんばらばらである。

閑話休題

非常に分かりやすい例が、大阪府日中経済交流協会の機関紙「上海経済交流」（二〇〇五年四月号）にある桃山学院大学教授厳善平氏のレポートに載っていたので、要約しそのまま引用させていただく。

「例えば、上海の一人当たりのGDPをみてみると、上海市統計局の毎年発行している『上海統計年鑑』では、二〇〇三年の一人当たり市民総生産は、およそ四万六七〇〇元である。ドル換算で五六〇〇ドルを上回る。

上海の戸籍人口は、一三四〇万人であるのに対し、そのほかに外来人口というのがある。上海で一年以上暮らしている外来人口は、四六〇万人いる。

とすると、総人口は一八〇〇万人になる。

一人当たりのGDPは、市民総生産を総人口で割ったものであるはずで、一八〇〇万人で割ると、およそ三万四七〇〇元（四二〇〇ドル）になる。

つまり、上海市政府の発表した数字より、一人当たりのGDPは、一万元以上少なく、政府統計は、三五パーセント水増しされていることになる」

という具合に、中国の統計数字の信憑性が問われるわけだが、このようなエッセイでも数字は不可欠で、定性的なことばかり言っていると具体的数字を挙げるように言われ、彼方此方から数字を集めてくることになる。

そんな点をまず頭に入れておいて、以下のことをお読みいただきたい。

中国社会科学院の調査（二〇〇三年）を二〇〇五年の国民所得の数字を使って修正してみると、中国全土の都市世帯は、二〇〇五年一人当たり平均所得一五万一〇〇〇元（二〇〇三年：八二〇〇元）で全人口に占める割合は二〇％だが、

必需品の消費力	全国の五七％
非必需品の消費力	六四％
預金高	七四％

を占めている。

つまり、都市部と農村部の所得格差が、購買力の差となって都市部の生活を圧倒的に裕福なものにしていることがわかる。

この中流階級のなかには、富裕層が含まれており、さらにスーパーリッチと呼ぶ超富裕層階級が

中国におけるホワイトカラーの給料基準

（単位：元）

一級	香港	18,500	澳門	8,900				
二級	上海	5,350	深圳	5,280	温州	5,020	北京	5,000
三級	杭州	4,980	広州	4,750	蘇州	4,300	廈門	4,100
	青島	4,000						
四級	南京	3,780	福州	3,380	天津	3,150	済南	3,120
	大連	3,000						
五級	鄭州	2,880	昆明	2,880	武漢	2,680	海口	2,600
	長沙	2,480	三亜	2,360	重慶	2,250	瀋陽	2,100
	西安	2,080						
六級	成都	1,900	ハルピン	1,700	フフト	1,770	貴州	1,600
	長春	1,600	蘭州	1,500	銀州	1,100	西寧	1,000
七級	ラサ	900						

中国社会科学院が発表した「全国主要都市ホワイトカラー給料基準」は、各都市の物価レベル、居住・交通コスト、都市の近代化などの要因により、ホワイトカラーの基準を七段階に分けている。

いる。実態がよく分からないが、半端でない資産をもっている。メリルリンチとキャップジェミニが二〇〇八年五月に発表した「アジア太平洋区財富報告」によると、中国の富裕層とは、「一〇〇万ドル以上の個人資産を保有する人」を指し、二〇〇七年末の時点で四一万五〇〇〇人に達したといい、三〇〇〇万ドル以上の個人資産を有する「超富裕層」は、六〇三八人に達していると報告している。また、政府当局の発表では、全中国の最富裕層四〇〇人の資産合計は、既に五〇〇〇億元（約八兆円）に達し、実に貴州省のＧＤＰの三倍に達している。

　身近な例では、数年前の北京の自動車ショウで、一億円の車が一〇台ほど売れたという報道があった。若い買主が得意気にテレビにでていたので間違いないと思う。二〇〇七年九月四日付朝日新聞に、中国一の金持ちの話がでていた。なんでも太陽光発電装置で資産二四〇〇億円を稼ぎだした四三歳の男性の話である。

こういったサクセスストーリーは、枚挙に暇がない。

逆に、勝ち組には入れない労働者・農民の不満は爆発する。

二〇〇五年度の農村一人当たり年収は、三万二六二〇元で、都市部の年収の三分の一である。

この傾向は、豊かな都市部の近郊の農村でもはっきりしている。二〇〇六年度の一人当たりの可処分所得を比較すると（『中国統計摘要2007』）、

上海市　　可処分所得　　二万〇六六八元

近郊の農村部平均純収入　　九八一八元

因みに、所得が中国一低い貴州省は、

都市部の可処分所得　　九一一七元

農村部の純収入　　一九八五元

都市部で上海の半分、農村部にいたっては五分の一である。

上海市は、戸籍人口の出生率が低く、その自然増加率は一九九〇年代はじめからマイナスのまま

である。少子高齢化でありながら全国でトップクラスの経済成長を遂げてきたのは、数百万人（四六〇万人）の民工（出稼ぎ労働者）低賃金のおかげである。この民工は、戸籍人口が正規に受ける医療保険、失業保険、年金などの福祉が受けられない。教育、就職の差別なども当然のごとくある。

一三四〇万人の戸籍人口に対し四六〇万人の外来人口（民工）がいるとすれば、上海総人口の二五％にあたる。上海市の四人に一人が、社会に対して不満を抱いている潜在的な不満分子であるといえよう。反日デモにも結果的にはこの人たちの多くが参加している。北京などの大都市も同じであろうことは、想像に難くない。

二〇〇五年の、北京で起きた反日デモがイトーヨーカ堂を襲ったとき、逮捕された七～八人はすべて民工であったそうである。

二〇〇六年から二〇〇七年にかけて、労働者、農民の起こした暴動は、五〇〇〇件にのぼると言われている（二〇〇七年二月のＮＨＫの報道番組では、農民の貧困層が五億七〇〇〇万人で、農村の暴動が一日二四〇件、年八万六四〇〇件になると発表されていた）。

こうしてみてくると、都市部と農村部、裕福な沿岸部と地方の所得格差は、われわれの想像を超えたものである。一三億の人民を不満なく食べさせていくのは至難の業であろうと、つくづく感じる。安定的な高度成長がなぜ国益なのかが実感としてわかる。このモザイク模様の貧富の差、所得格差が社会不安を生みだす最も大きなエネルギーの一つであることは間違いない。

かといって、鼠をとる猫の色*を規制すると、先富論による経済成長は失速する。中国に他の選択肢はない。

最後に、学生の就職率について触れてみる。

中国は、学歴社会である。その学校を卒業しても就職口がない。

国務院（教育部）が指定する中国の一流大学（七二校）の卒業生約三五万人の就職率は約五五%。つまり、卒業生の半分は失業している。指定大学以外の約四六〇万人（二〇〇四年）の学生の就職はもっと深刻である。

中国の大学教育は、四年生以上の大学にあたる「本科」と日本の短大にあたる二〜三年生の「専科」に分かれる。全国の大学・短大は約一九〇〇校ある。

大学の募集人員は毎年増えており、二〇〇六年は、四九七万人であった（そのうち、本科募集人員三七七万人）。少なくとも四年後までには、この学生達が就職活動をすることになる。

学校は、毎年学生に五月一日までに就業協議書（内定証明書）の提出を義務付けている。その内定のない学生の卒業を認めていない。

学生のフラストレーションは大きくなってきているという。労働者、農民の数と比べると少ないが、この若い知識層は、どこの国でもそうであるが、自らの不満はもとより、不満分子を煽り、社会不安を引き起こす大きな要因の一つになる。

＊　一九六二年に　鄧小平が「白い猫でも黒い猫でも鼠をとる猫はよい猫だ」と、人間の評価を猫に託して表現した。

歴史が生んだ、歴史が作った～揺れる社会道徳観と告発制度～

「密告」

と言うと、日本人は途端に身構える。日本では陰湿な語感をもち、忌み嫌われる。だが、中国では当然の権利とされている。こんなところにも、日本人の性善説と、中国人の性悪説が垣間みえるような気がする。

しかし、実は日本でも内部告発が盛んだ。新聞紙上を賑わしている大きな事件は、ほとんど内部告発によると言われている。どこがニュースソースか、どこからの情報かといった詮索もまた紙面を賑わす。この取り扱いを誤って、辞任した政党の党首もいた。

内部告発は、その動機によって社会的な受け止め方が違うようだ。要は、誰が告発によって利益を得るかである。社会悪を暴くものであれば、結果的に歓迎されるものもあるが、その裏には事件になって得をする人物や組織が必ずあるはずだ。内部告発は社会正義の担い手であろうがなかろうが、密告には違いはない。

とすれば、日本人の性善説も偽性善説かもしれない。ともあれ、古今東西、密告の事例は事欠かないようだ。

中国と日本の密告は、決定的に違う点がある。

中国では、この密告が制度として奨励されていて、法律に規定されている。しかも密告の効果があったときは奨励金がでる。日本の内部告発が、法で奨励されて、奨励金がでたらどうであろう。「和をもって尊し」とする日本文化に馴染まないような気がする。

この制度は、命取りになる性格のものだということを、中国で事業をする日本の経営者は、ほとんど気が付いていない。

例えば、二〇〇四年に制定された労働保障監察条例第九条とか、二〇〇八年に発令された労働契約法の七九条に明確に書かれている。

「如何なる組織或いは個人も、本法に違反する行為について通報する権利を有する。県級労働行政部門は速やかに事実を確認し、処理し、かつ通報し功績があったものに褒章を与えなければならない」とある。

中国では、秦の時代から法律で密告制度が規定されていた。

秦の孝公の時代に、「すべての国民は、一〇人または五人単位の隣組を組織し、互いに監視し、組員の犯罪に対して連帯責任を有するものとする。組員の犯罪を知りながら政府に密告しない者は腰斬りの刑に処し、組員の犯罪を密告した者は前線において敵の首級を得た者と同額の賞金を与える」と決めている。（貝塚茂樹『史記』／中公新書）

次の事例は、面白い。

『春秋』に次のような記載がある。（左伝桓公一五年）

祭仲という高官がわがままであったので、君主は祭仲の娘婿の雍糺（ヨウキョウ）に殺すことを命じた。此れを察した妻の雍姫（ヨウキ）（祭仲の娘）は、母に尋ねた。「（私にとって）父と夫と、いずれか親しきや」。すると、母親は、夫のスペアはいくらでもあるが、お父さんはたった一人ですよ、と答えた。そこで、雍姫は父親に密告した。父の祭仲はただちに娘婿を殺して死体を池のそばにさらしたという。

儒教では、父母に対する孝が優先することを意味し、そのために密告しても道徳的に正当化される。

漢の武帝の時代、「前一二〇年頃、匈奴との戦争が起こり、しかも山東地方は、旱害のため不作で、莫大な軍事費と流民救済費がかかり、国庫が空になってしまった。そこで張湯は武帝の意を受けて貨幣を改鋳し、塩鉄業を大商人から奪って専売とし、財産税を設け、虚偽の申告をした者は全財産を没収し、密告した者にはその半分を賞金として与えるという政策をおこなった。」（前出『史記』）

中国には、密告に対しこのような風土があり、儒教の政治思想からきているようだ。歴代の統治者はこの思想を利用して、国を統治するための手段の一つとして「密告」を奨励した。儒教で重んじられる「忠君」「報国」の思想からすれば、正義感のあらわれとも言えるかもしれない。

しかし、同じ儒教で最も強調されているのは、親子関係、家庭を中心とした人間関係である。そのためにする密告は道徳的に正当化されるというのも理解に苦しむ。

長い歴史のなかで、この密告制度が文化の深層のなかでいろいろな形になってあらわれてきていると思うが、正義により正当化される密告の思想と道徳により正当化される密告の違いを理解しないと、ここで言う中国の「密告制度」の本質が分からなくなってしまう。

近代では文化大革命の時代に、親兄弟でも身内から密告された。「密告」の例としてよく引き合いにだされるが、あの異常な時期に起こった出来事は、中国の民族性というより人々が生き残るための手段であったであろう。密告者自身の悲しみや、苦しみは想像に難くない。

また、日本某社の中国人社員が、中国人上司を陥れ失脚させるために、特約店などからあらゆるデータを集め、同社がいかに不正しているかを当局に密告する直前まで行ったという話も聞いている。同社の現地責任者が人脈を使ってこれを潰してことなきを得たという。

ことほど然様に、中国の「密告制度」は、本質を捉えるのは難しい。要は、中国で事業する日本人経営者は、法律に書かれている事実とその文化的な背景をしっかりと肝に銘じておくことだ。

冗談としてはいささかきついが、中国人の嫁さんは、親を密告しないが、夫を密告することはありうるという、古典的な事例があることを忘れないように！

第二章

突然襲いかかるストライキの嵐

大連山猫スト〜パイプのない労使対話〜

二〇〇五年七月に大連市の経済技術開発区で、日本企業の総合電機メーカー（以下T社）に起きたストライキは、山猫ストである。

山猫ストとは、一部の組合員が組合指導部の承認を得ず、独自に行うストライキで、米国のWild Cat Strike の直訳である。

中国の場合、労働者独自の組合がないので、この山猫ストという言葉は馴染まないかもしれない。ここでは、不法ストライキという意味合いで使っている。

このときのストライキのことを語るには、中国の憲法、法律（地方条例も含む）、労働慣行、政治問題から始まって、日系企業と進出先の地方都市との関係など、膨大な、また、次元の異なる要素を解きほぐさなければならない。

二〇〇五年七月に大連市の経済技術開発区（以下開発区と呼ぶ）で、T社に端を発したストライキ（山猫スト）は、燎原の火の如く開発区全体に広がり、多くの日系企業が巻き込まれた。日本の企業が中国で初めて経験する本格的な賃上げ、福利厚生改善要求闘争となり、日本の経営者の心胆を寒からしめた。さらに、その裏に隠されたある事実に気が付き、愕然としたというのが実状だったのではないだろうか。

つまり、中国には日本流の健全な労使関係を構築するシステムがないということに気が付き始めたのである。日本の場合、労働者にはユニオンショップ制度の企業内労働組合があり、連合という上部組織がある。経営者には経団連（かつては日経連）があり、春闘などは両者の協議で落としどころが決まってくる。

これは、戦後の日本の労働史のなかで、幾多の混乱を克服して、作り上げた日本的労使システムだ。

翻って階級のない中国では、制度上労使関係は存在しない。従って、日本のように、労使の代表が話し合って労働問題を解決するシステムが存在しない。市場経済を標榜していても、労使関係は市場主義ではないのが、中国的社会主義市場経済の特異なところだ。

しかも、社会主義の常套句として、「労働者が主（あるじ）の」が付き、主人公であり、資本家・経営者より上である。もちろん、これは建前で、現実は、外資企業では労使関係が存在し、資本家・経営者が労働者を使っている。建前と現実のギャップは歴然として存在している。

この矛盾をつかれたのが、大連の労働争議であったと思う。

そこには、中国の経済発展のなかで生じた国民の所得格差が背景にあり、とくに労働者は、自分の労働の対価を高く売り、生活の安定を求めて闘争する利益代表の組織をもっていない。つまり、日本流の労働組合がない。日本企業の現地経営者にとって、中国版日経連も、経団連もないなかで、自社が労働者と対峙しなければならない。

だから、落としどころのない交渉となってしまい、しかも、労働者が山猫ストであれ団結すると、日本流の良好な労使関係を目指してきた現地経営者にとっては、虚をつかれたことになり、まともな交渉ができなくなってしまう。

さらに、民主化運動を極度に恐れている当局にとっては、労働者側に付かざるを得ない。つまり、日本企業には泣いてもらう、ということになる。市政府や管轄当局が労働者側に付くと、日本企業対中国共産党となり、日本側には勝ち目がない。日本企業はこのリスクを十分認識する必要がある。

社会主義には、労使対立を前提とする労働組合がないとすれば、所得格差に不満をもつ労働者の捌け口として、不法ストライキなどを誘発し、結果的には階級対立になる恐れがあると思う。まさに、階級対立のない国での階級闘争だ。

山火事のように広がるストライキの嵐

最初に発生した一企業のストライキが、急速に開発区全般に伝播し、当局・当事者の必死の努力にもかかわらず、一気に火の手が上がっていった過程をみると、対症療法では対応できない根の深い本質がみえてくる。

先ず、二〇〇五年七月二六日に時計の針を巻き戻す。

その日、日本の総合電機メーカーT社でストライキが発生した。八月一六日になり日系企業数社に拡大する。先ず、M電機（八月一六日）、そして繊維製品メーカーI社（八月二二日）、同じく繊維メーカーのG社（八月二四日）、陶器メーカーT社（九月四日）が続いてストライキに見舞われる。

八月二六日になって経済開発区労働人事局、総工会などが沈静化に向けた動きを開始し、収束化に向かっているようにみえた。

ところが、九月九日になって次期現地日本人会の会長会社で精密機器メーカーのC社にストライキが発生し、一気に拡大していった。

ここまでが、ストライキ発生初期の段階である。

そこで、危機感をもった開発区の管理委員会、大連市長主宰の「開発区ストライキ対策会議」が設置され、九月一〇日に開発区管理委員会各社の総経理を召集し説明会を開催して、本格的な対応を始めた。

にもかかわらず、電子材料メーカーのK社（九月一一日）、小型モーターを製造するN社（九月一一日）他にストライキが発生した。つまり、初期段階から拡大時期に入っていくのである。

九月一四日に開発区の日本企業役員・幹事会で開発区管理委員会主任の説明を受け、対策会議が開かれた。それでも、九月中旬から後半にかけて、ストライキは続行、また、新たなストライキが発生した。九月二〇日にオムロンも巻き込まれた。

九月末になり、ようやく収束に向かっていった。

なんと、ストライキ発生から正常化まで二ヶ月かかったわけである。生産停止に追い込まれた会社は一五社、賃上げなど間接的に被害を蒙った会社は一〇社以上におよび、日本企業が中国に進出して以来、前代未聞の集団労働争議となった。

不可解なストライキ発生の道筋

いままで述べたように、日系企業の中国進出の歴史始まって以来の労働争議、山猫スト・サボタージュのきっかけになったのは、中国での事業展開を進めてきて中国通で誉れ高いT社である。

直接の原因となったのが、月間の残業三六時間規制（超過は法律違反）の強化により残業対策として、生産性向上策と残業減対策で従業員の手取賃金減となったことである。

六月初めから七月の中旬にかけて、労働人事局により残業調査と違反により課税が実施された。労働法、労働保障監察条例により、三六時間超の残業に対して、一人当たり一〇〇～五〇〇元の罰金が課せられ徴収される。

では、なぜ、唐突に調査が行われたのだろうか。

法律で決められていても、執行能力のない行政府は、法律に基づいて行動がとれない。絵に描いた餅になってしまう。大連市は行政能力といった点では最右翼に属するしっかりした行政府である。もし、この仮説が正しいとしたら相当な知恵者が大連人民政府にいたことになる。

日本の企業の多くは、三六時間規制をはるかに超えた残業が慣例化しており、また労働者もお金が欲しくてそれを希望している。日本企業は、労使関係に十分配慮しており、華南地方の台湾企業とか香港企業が労働搾取的に残業を強制しているのとは、訳が違う。また、そのような噂すらでていなかった。

にもかかわらず、ここにメスを入れた大連市当局は、税収不足の補填として目を付けたと、勘ぐられても仕方がない。しかし、当初、こんな大きなストライキに発展するとは思わなかったに違いない。

不思議なことに、ストライキには工会は関係しておらず、責任者不在の交渉となったと言われている。中国政府は、工会に労働争議の調停を担うべく、労働法や工会法でその役割を決めているが、今回はまったく機能しなかった。

責任者についてだが、あとになって代表者四人が決まったという。

ここにいたって大連開発区人事局、開発区総工会、開発区外商投資企業協会が調停に入る。結果として、労働者側に一方的に有利な内容で集約する。そして、復工同意書を参加者に配布して、生産開始した。また、扇動者の退職を促し、五人が退職した。関係者の話によると、交渉相手が最初から特定できなかったし、復工者に対するいじめ行為などの噂が先行したらしい。また、この年は、反日感情が激しく、憶測が憶測を呼び、外部からの得体の知れない情報で動かされているような感じがあったと、いう人も多い。

T社のストライキは、八月一日に収束し、生産が再開された。

翌八月二日に開発区労働人事局仲裁処が、開発区の日系企業の人事担当者を呼び、T社の状況を詳細に説明した。

ここで、八月二日の開発区管理委員会意見を記しておきたい。争議を収集した直後の会見でもあり、管理委員会側にも多少の余裕がでてきたような雰囲気がある。かつて労使争議を戦い抜いてきた日本企業の現地経営者に対し、諭し、警鐘をならしている。特に第二項は、現地の経営者はどう捉えたのであろうか。胸をグサッとえぐられたに違いない。

ともあれ、この時点ではこの一週間後に修羅場がくることは、誰も予想しなかっただろう。

一．衝突がある場合は、まず会社側と交渉すべきである。ストライキまで発展する場合は、七二時間*前に会社、工会に報告して会社側か工会の代表より管理委員会の関連部門に連絡すること。

二．ストライキが発生しても、当該企業として恥ずかしいと思う必要はない（労使矛盾は何処でも存在する）。

三．各社の人事担当者は、自社内の状況を把握し、迅速に矛盾解決するように経営側に提案すること。

四．T社が原因で他企業に影響しないように各社は自社内部状況を注意すること。

中国の労働者のストライキの権利について、詳しくは、後述するので、ここでは簡単に触れておく。

法的には一九七五年の憲法で権利として規定されたが、一九八二年の憲法改正時にそれが削除され、現在に至っている。従って、現在の解釈では「違法ではないが、提唱せず、かつ保護もしていない」（中国人民大学・常凱（チャンカイ）教授兼労働関係研究所長）ということになる。

また、工会法では、ストライキ権に関する言及はないが、その発生を前提とした条文がみられる。大連市開発区企業労働争議処理暫定規定**（一九九四年五月一二日発令）でも注記のような（実質的なストライキ権を認めたかのような）条文があり、今回のストライキ騒ぎで大連政府が確認している。

これは、一九九四年三月に、大連のマブチモーターが些細なことから大規模なストライキに巻き込まれた際、当時の大連政府は、日本企業の誘致に支障があると考え、開発区労働争議処理規定でストライキのルールを決めている。

ところで、マブチモーターは、大連進出では先駆者的である。大連進出を計画していた後発の日本企業は必ずといってよいほど、マブチの大連工場を見学し、勉強した。私自身も訪問していろいろと教えていただき、丁寧に対応していただき今でも感謝している。そのマブチモーターが今回の生産停止ストライキに巻き込まれなかったのは、しっかりと危機管理ができていたからではなかろうか。ただ、結果的にストライキのあった会社並みに賃金を上げざるを得なかった。

＊　大連市条例ではストライキの権利が明確に記載されており、七二時間前に通知することとなっている。

＊＊　大連市開発区企業労働争議処理暫定規定（一九九四年五月一二日発令）

第十二条

「共通な理由により労働紛争が行われる従業員側において、企業側により従業員の合法的権利を侵害するなど正当な理由があり、労働紛争の解決結果について不満をもち、組織的なストライキ等を行う際、必ず従業員代表を選び、代表を通じてストライキの七二時間前に、書面により企業工会及び企業行政に通達を行い、企業工会は直ちに区総工会に報告すること」

震源地から他社への波及～連鎖反応～

このように大連市経済開発区T社工場で起きた山猫ストは、開発区の多くの企業を巻き込んで制御できなくなるほど発達した。まるで、発生した小さな熱帯低気圧が、海水のエネルギーを吸収して発達し台風になったような感じがする。

七月二六日に発生したT社のストライキは、当局の介入があり八月一日に収束し、操業が開始されている。紆余曲折もあり、結局一週間かかったことになる。多くの犠牲をはらったものの、一件落着したわけである。

ところが、それから二週間経った八月一六日にM電機に同様な山猫ストが発生する。そして、次から次へと山猫ストは伝播していくのである。

何故か？

大連市の開発区は、工業団地であるから日本の企業が所狭しと軒を並べている。開発区は、綺麗に区画整理ができており、一区画がとにかく大きい。そのなかに名立たる日本の会社の巨大な工場群が勇姿をあらわしている。その数は、三五〇社と言われている。

まぁ、日本の企業はひとつの城市（街）に住んでいる隣組のようなもので、当然のことながら、従業員たちの情報交換は日常茶飯事である。特に重要情報は、瞬時に共有される。

その上、大連の各社の工場の従業員は、大連の近郊の村や、大連市に近い遼寧省の各地の出身である。殆どが、開発区内の従業員寮に住んでいる。東北の人達はとりわけ郷土愛が強いといわれている。同郷出身者は多くの工場に散って働いている。だから開発区で起こったことは、直ちに他社の従業員の知ることとなる。防ぎようもないのだ。

しかも、いまや全員が携帯電話という強力な武器をもっている。

処遇問題は、会社従業員にとり最大の関心事である。

T社がストライキの結果、従業員は係長以下基本給一〇〇元アップ、毎月医療補助金として七五元を給料と一緒に支給することを勝ちとったわけであるが、この情報は直ちに隣のM電機の従業員に伝わった。当然、従業員は、俺たちもと会社側と交渉を開始する。そして回答を求めて生産停止のストライキを打つ。戦略の雛形は既にある。いままで怖かった日本の経営陣も修羅場に弱いことを、T社の同僚から既に聞いている。だから、T社とほぼ同等の条件を勝ちとるのであるが、M電機の場合は、プラスアルファがついた。

この年、M電機は一〇周年を迎え、祝賀旅行のため一〇〇〇元の積立金をしていた。労働者たちは、旅行に行く代わりに積み立てた一〇〇〇元（一人当たり）を現金で貰うことを要求し、実現した。

ここで情報の伝播に尾ひれが付く。

「M電機の従業員は、闘争で一〇〇〇元勝ちとったらしい」と。

よし、それでは俺たちもということになる。

伝達ゲームという遊びがあるが、情報が人から人に伝達していくがなかなか正確には伝わらない。

大連のこの場合、情報の受け取り側が期待を込めて受けとるのだから始末におえない。

一種のシステミックリスク（連鎖破綻）であった。

結果、確認されているだけでも生産の停止を余儀なくされたのは一五社あり、生産停止に追い込まれなくとも一〇社以上が労働人事局の指導の下、ほぼ一〇〇元の一律賃上げをせざるを得なかった。また、各種手当ても労働者に好条件で改定している。

問われる日本企業のリスク意識とノウハウ

このストライキは、多くの教訓を我々日本企業に残してくれた。箇条書きで以下記してみる。


一．結果的に、労働者にストライキ権を認識させた。

（一九九四年五月一二日発効の大連市地方条例を確認したことになる）

二．日系企業初めての本格的な賃上げ闘争になった。

（それまでのストライキ、サボタージュは、処遇上の問題であった）

三．労働者は、ストライキが効果的であることを知った。あわせて、日本企業は、弱腰であることも知った。

四．共産党は、労働者に限らず、団体行動を嫌うので、体制派の開発管理委員会、総工会が、労働者の味方に付き、日系企業にプレッシャーをかけた。

五．情報の伝播は、携帯電話・インターネットで瞬時に行われ、前代未聞の日系企業一五社以上を巻き込む広域ストになった。独資の日系企業は、社内の誰と交渉したらよいか分からなかった。

六．日系企業は、大連はもとより、中国でもかつての日経連のような組織をもっておらず、統一行動がとれなかった。中国側（開発区管理委員会）の調停案を飲まざるを得なかった。

七．中国の日系企業が、以後労働者の集団行為に対し、どのような対応をしていくのか、喫緊（きっきん）の課題となった。

会社によっては、五〇〇〇人、一万人以上の従業員をもつところもあり、労務管理・危機管理の新しいシステムを作る必要がある。いずれ、この種の情報は、携帯・インターネット時代の情報伝播の性格から中国全土の労働者の知るところとなる。大連のケースは、対岸の火事でないことを肝に銘ずるべきである。

慌てふためいた大連市～行政と民間が同床異夢～

大連市の日本企業での山猫スト、サボタージュの顛末をみてみると、大連市政府が慌てふためいた様子が手にとるように分かる。ストライキ発生の初期、T社（七月二六日～八月一日）のストライキから、八月一六日になってM電機、I社など日本企業数社にストライキが拡大し、八月二六日になって開発区労働人事局、総工会などが沈静化に向けた動きを開始する。一旦は収束方向に向かっているようにみえたものの、九月九日のC社のストライキを契機に一気に拡大する。

おっとり刀で駆けつけた役人（仲裁人）が右往左往しているさまが明白だった。夏市長主宰の対策会議（九月九日）、開発区管理委員会が日系企業総経理召集（九月一〇日）、大連日本商工会へ開発区管理委員会張主任の説明と協力依頼（九月一四日）など、市の幹部が積極的に関与し、調停案などだしていることなどから、それはうかがえた。

大連市と日本企業～日系企業誘致への大連市の想い～

大連市は、言うまでもなく、歴史的に日本人に馴染みが深く、親日的である。なによりも日本に近い。感覚的には、若狭湾のすぐ向こうにある感じである。

事実、若狭湾と大連間をつなぐフェリーのサービスがある。

一九八四年に沿海開放都市として、国家級開発区（経済技術・ハイテク産業）に指定され、保税区・輸出加工区、港湾などのインフラが整備され、日本企業の誘致に熱心であった。東京にもいち早く大連事務所を設立している。

なんと言っても、二代前の市長、魏富海（ウェイフーハイ）氏は、精力的に日本企業を誘致し大連市の産業発展に貢献された。その後を継いだのが、薄熙来（バオシーライ）市長（現重慶市総書記）でこの二人の努力で日系企業が集積しており、特に製造業の七、八割を日系企業が占めている。北京、上海にくらべ日系企業の集中度は高い。

大連には三〇〇〇社の日本企業が進出しており、開発区には三五〇社ある。因みに、商工会*には、六五〇社所属している。大連市は、日本企業で経済的にもっているといって過言ではない。

中国政府に認められている商工会は、北京の中国日本商会のみである。各地にある商工会は、日本企業の親睦団体の位置付けで中国政府より公認団体として認められていない。しかし、現地の日本企業の窓口として市政府などは非公式に利用している。今回の労働争議の際に、市政府は日本企業との連絡に大連の商工会を使ったりしている。

工員の労働力は、東北三省を後ろに控え豊富である。華北や華南に比べて、工員は勤勉で定着率も比較的高い。

いまでは、大連市は、開発区の製造業に加えてソフトウェア産業に力を入れている。教育程度が高く、日本語を話せる人材が豊富なのも、大連市の特徴である。ジェトロ大連によれば、大連外国語学院、大連理工大学、東北財経大学、大連大学などの大学で二万人、大連市全体で五万人ほどの人材がいるという

大連市は行政能力が高く、市内、開発区には投資プロジェクトに対する「ワンストップ・サービス」や、日系企業との懇談や苦情処理対応などの行政サービスがいい（ジェトロ大連）といわれている。

その甲斐あってか、大連市のＧＤＰは、過去一〇年、一〇パーセントを越えて成長している。一人当たりのＧＤＰも全国平均の三倍である

大連開発区の日本企業は、企業市民活動に大変熱心で地域社会への貢献に力を入れている。例えば、大連市主催の大連市民マラソンには多くの企業が後援し、また、実際のレースにも参加しこのイベントを盛り上げている。大連外国語学院と共同で行っているキヤノンの日本語弁論大会は、中国で一番古い日本語弁論大会で、二〇年の歴史をもつ。日本語を通して、日本文化の理解に貢献している。

大連の日本企業は、伝統的に従業員も大切にしてきている。大連に進出している企業のエピソー

中国全体と大連のGDP（名目）の推移

（単位：億元）

年次	中国全体	実質成長率	大連	実質成長率	一人あたりGDP
1997年	74,463	8.8%	821	13.1%	15,225
1998年	78,345	7.8%	926	11.7%	17,096
1999年	82,068	7.1%	1,003	11.1%	18,429
2000年	89,468	8.0%	1,111	11.8%	20,270
2001年	97,315	7.5%	1,236	11.8%	22,340
2002年	105,172	8.3%	1,406	14.1%	25,276
2003年	117,390	9.5%	1,633	15.2%	29,206
2004年	136,876	9.5%	1,962	16.2%	34,975
2005年	182,321	9.9%	2,150	14.2%	38,155
2006年	209,407	10.7%	2,570	16.5%	42,579
2007年	246,619	11.4%	3,131	17.5%	51,630
2008年	300,670	9.0%	3,858	16.5%	―

出所：『中国統計年鑑』『大連統計年鑑』より作成

ドとして「故郷を想う歌声」（弊著『中国ビジネス旅日記』東洋経済新報社刊）を後ほど改めて紹介したい。そんなオムロンでも山猫ストに見舞われた。

大連市と中央政府の関係

大連市人民政府は、中央政府と極めて太いパイプがある。大連市の郊外にある棒槌島（バンチュイダオ）には共産党幹部の夏の別荘があり、毎年要人が保養に来ている。そんなこともあり、大連市は中央政府にたいして極めて気を使っており、中央政府の優等生である。商務部長であった薄熙来氏は、WTOとかASEMUの大会を意識的に大連にもってきており、大連市をソフトウェア重点発展市として指名して、存在感を誇示していた。

このような大連で大規模なストライキなどあってはならないので、市政府をあげて、沈静化に全力をつくしていた。

恐らく、中央政府は、このストライキが大連開発区に留まらず、全国の開発区に伝播するのを最も恐れていたと思う。全国の開発区が連携して集団行動にでたら悪夢では済まされない事態になる。

一方、中央政府は、大連市の税収がその経済成長に見合ったものか疑っていたようだ。つまり、二〇〇五年頃は、大連政府の税収に見合ったものが上納されていないのではないか、と中央政府の指導が大連政府に向けられていた時期であった。

大連の山猫ストのきっかけが、市の税収不足を補うために、日本企業の残業違反の罰金徴収に端を発していたことを考えると、なんとなく符合する。

＊　中国政府に認められている商工会は、北京の中国日本商会のみである。各地にある商工会は、日本企業の親睦団体の位置付けで中国政府より公認団体として認められてない。しかし、現地の日本企業の窓口として市政府などは非公式に利用している。今回の労働争議の際に、市政府は日本企業との連絡に大連の商工会を使ったりしている。

今後の課題

この山猫ストで不思議なことが二つある。

一つ目は、ストライキ、サボタージュは、日本資本一〇〇%の独資企業に限られている。中国との合弁会社では起こっていない。輪をかけて不思議なのが、ストライキの起こっている日系の会社の同じ敷地にあるその会社の中国との合弁会社では起こっていない。

二つ目、労働争議には工会が全く機能しなかったことだ。工会については本書の問題提起の一つであり後に詳しく述べる。中国政府は、改定工会法（二〇〇二年）で「工会は従業員を代表して企業と対等な立場で協議（団体交渉）を行い、労働協約を締結する。企業側が労働協約に違反し、従業員の労働権益を侵害した時は、工会は法に基づいて企業の責任を追及することができる」と定めている。

しかし、争議の労使間の交渉は、「工会パッシング」で、なんら実質的な責任をはたさなかった。


先に述べた大連ストの教訓を踏まえて今後の課題に触れてみたい。

・コンプライアンスの遵守

主席令（労働法、労働契約法など）、国務院条例（労働保障監察条例など）、地方政府条例（大連市の場合、大連市開発区企業労働争議処理暫定規定など）を徹底的に理解しておくことが重要である。

現地経営者は当然であるが、このような大きな経営課題は日本本社の理解なくして解決できない。だから、法制度を常に整理しておかないと、次から次へと法律、条令が発令され、改定されて何が有効なのかわからなくなる。ときに、古い制度と新しい制度が一時共存することもあるからややこしい。

大連の関係者の話を総合すると、T社のとるべき道はただ一つであったと言う。すなわち、山猫ストが起こったとき、直ちに大連開発区の労働争議処理暫定規定に従い、首謀者を解雇すべきであった、と。

・中国の社会システムの理解を徹底する。

本書のエピローグでも触れるが、社会システムとは、制度と文化の総和である。制度は共産党独裁の社会主義市場経済である。この制度の下、恣意的な法の執行が行われるので注意が必要だ。

又、文化・伝統は、日本のそれと違うことを心得て、日本人従業員に徹底させることと、同時に中国人従業員にも逆の意味で教育することが肝要である。

・社内の従業員代表を決めておくこと。

工会代表を従業員代表と位置付ける会社もあるが、法的に無理がある。しかし、実践的な運用として工会を有効に使う選択肢しかいまはないが、新しいシステムができる前に、会社として社内の従業員代表を決めておく必要がある。

大連の争議では、交渉相手不在の争議となった。誰かが煽り共通の利害をもった者たちが追従し徒党を組む図式は、中国の集団行動によくある。

・労働強化の場合は、徹底した社内コンセンサスを醸成する。

頻繁な停電、問題になった残業規制などで、生産性を上げることは結果的に労働強化に繋がる。従って、事前に関係部門と協議し理解を深めておくことが必要である。

・行政と良好な関係を作っておく。

行政は体制派で、日系企業を誘致するために、従来は進出企業優遇政策の下、進出企業の味方であった。最近は共産党の弱体化で社会不安のもととなるデモなどの集会を避けるため労働者の味方になるケースが多い。大連の山猫ストで、企業は調停者としての行政から労働者の言い分を飲まされたのは好例である。

現在の中国では労使関係が成熟しておらず、経験的にも、法的にも労働争議に対応しきれる保障はない。

繰り返しになるが、日本の場合、経営者を代表する経団連があるが、中国にはこの種の機構はない。

北京政府の認可を得ている北京の中国日本商会や地方の任意団体である商工会がその任を負うことが求められるが、日本のような仕組みになっていない。

今回の経験で、中国労働者は、山猫ストであっても団体行動をすれば日本企業は折れることを知った。

賃金のベースアップだけでなく、住宅、年金などの福利厚生を含め、労働者の勝ちとりたい事項は枚挙にいとまがない。

又、団体行動を促す手段として、携帯などを駆使すれば集会などせずにリアルタイムに運動のベクトルを合わせうることを知った。

皮肉なことに、階級闘争の経験のない中国の労働者を階級闘争に立ち上がらせるという、運動が広がることが懸念される。古典的な資本主義の労使関係の原点に戻ることになる。これは、中国政府の最も恐れている点である。

日本では、四月は春闘の時期である。この項を書いている最中に、経団連と連合の交渉が終わり、各単産、そして企業と賃金が次々に確定してきた。

中国式春闘も目の前に迫っているような気がしてならない。いまから中国の団体交渉の戦略を立てておく必要があると言ったら、気の回し過ぎであろうか。

大連の山猫ストにより、私たちは中国の労使関係、労働問題が潜在的に抱えている根本的な課題を垣間みた。それは、地下のマグマのようにとてつもないエネルギーをたくわえている。

この問題を掘り下げるには、専門的な検証が必要であり、また、紙面にも限りがあるので、この項をこの辺で終わりにしたい。

このような環境でありながら、何故こんな山猫ストがよき企業市民たる日本企業に起こったのであろうか、興味深い。

故郷を想う歌声～アカシア合唱団～

最後に、大連の風土とその文化に溶け込む努力をしている日本企業のエピソードを紹介したい（拙著『中国ビジネス旅日記』第二章二「故郷を想う歌声―アカシア合唱団」より一部再録）。

アカシア合唱団が生まれたのは、欧姆龍（オムロン）大連工場が開業してまもなくであった。

これには、一つの秘話がある。

欧姆龍大連工場は、オムロンにとって中国最初の独資の工場である。電子体温計や電子血圧計などの健康機器を製造している。一九八〇年代後半から建設準備を進め、紆余曲折があって、完成は一九九二年であった。

当初、女子従業員は中国東北部の中学校、高等学校から募集した。ちょうど日本の高度成長期の集団就職のように金の卵として上京（?）し、工場の敷地内の宿舎に住んでいた。

ある日のこと、工場立ち上げに奔走していた責任者の藤田総経理が、工場の表玄関を通りかかった時、幼い顔をした小姐達が階段に座って、民謡のような歌を唄っているのにでくわした。そおっと近づいてみると、彼女たちは望郷の念にかられ、故郷の方をみながら涙を流して唄っている。開発区には当時何も娯楽設備がない。就業時間終了後、夕日の沈む頃、家族と離れ寂しさを紛らわすため、誰となく集まり、みなで歌を唄っているという。

小姐を集めてきた藤田総経理は、そのきれいな声に感動する。それと同時に責任を感じ、娯楽の少ない彼女達に楽しみを与え、その気持ちに応えるために、即座に合唱団を作ろうと決心した。

藤田さんは少年時代、合唱団に属していて、一応歌の指導はできる。本社とかけあい、歌の好きな立石孝雄会長（故人）からピアノを寄贈してもらった。こうして、合唱団ができあがり、「欧姆龍アカシア合唱団」と名付けられた。

そんな時、その合唱団の一人の小姐の父親から、次のような手紙を受けとった。全文を引用してみよう。

「藤田安彦総経理閣下、張工場長、謝主任様

まず始めに、総経理閣下の中国における事業の創業に対し、祝福の意を申し上げます。また私の子供が御社で働かせていただけることをうれしく思います。

正直申し上げますと、御社が瓦房店（ワーファンテン）で従業員の募集を行ったとき、日本の独資企業だと聞いておりましたので、家長の私としては、内心不愉快な思いをいたしました。というのは、『子供を日本人の下で働かせてはならない、日本人は非常に残酷であるから』などと考えておりました。おそらくいままでにみた映画、テレビ、書物などが、日本人に対して偏見をもたせるように作られたことに原因があるのだと思います。だから、私の子供が御社で働き始めた頃、故郷で待っている私たち親としては、毎日心配しておりました。それから、子供が休暇で帰ってきて、工場の仕事の状況を聞いた結果、私の想像とは全く違っておりました。

子供は言うには、

『総経理は本当に私達によくしてくれます。食事も私たちと同じ物を食べています。お父さんが言っているような、おっかなく怖い人ではありません。仕事に対しては非常に厳しく、とくに商品に対する要求はもっと厳しい。寸分の差もゆるさないのです。そういうふうにしていかなければ、企業に活力を与えることができないのです』。

また続けて言うには、

『特に主任の謝さんは、私たちと年の差があまりかわらないのに、仕事によく精通し、指導力もあり、仕事に対して本当に真面目にとり組んでいます。だから、私達はみんな心から彼女を尊敬している。このようなよい工場、よい指導者に恵まれて、私は絶対に誠心誠意この会社で働きます。決して途中で辞めたりはしない。この会社とともに存続したい』と言いました。

わが子の話は、家長の私の心を深く感動させました。また、私の日本人に対する偏見を変え指導してくれることを希望しております。もし、家長としてなすべきことがあれば、総経理閣下ならびにご指導者の方々には、何卒ご遠慮なくお申し越しください。そして、お互いに手を携えて、会社がより一層成功するように努力しましょう！

近々会社の開幕式を挙行するとのことですが、総経理閣下ならびに幹部の方々に対し、こころから祝福を申し上げます。御社のご繁栄、ご発展ならびに日中友好の永続をこころから念願いたしております。

閣下のご健康、ご活躍をこころよりお祈りいたしております。

張工場長、謝主任をはじめ、幹部の方々のご健康とご活躍をお祈りいたしております。

一九九三年五月一五日　王の父親　王广達」

いま、大連経済開発区に立ってみると、近代工場が林立し往時の面影は全然みられない。開発区には管理事務所があるだけで、工場は全く建っていなかった。

いまは、工場数一八〇〇社という。

委託生産、独資工場立ち上げの頃から、毎年何回となく大連を訪れ、結果的に中国発展の定点観測を約一〇年してきたものにとって、中国経済の発展のスピードには、ただただ、脱帽するのみである。

多分、女子従業員も、その家族もいまは市場経済の発展の中で、新しい価値観が生まれてきていることだろう。

先の女子従業員の父親の手紙は、満州という、日本にとっても中国にとっても、まだまだ戦後を引きずる特殊な土地と時期に進出した日本企業に対する親心が滲みでている。

アカシア合唱団の歌を聞くたびに、あの手紙と手探りで創業を始めたあの頃を思いだすのである。

創業以来、欧姆龍大連工場は士気が高く、いまだに高い生産性を誇っており、数々の賞を政府からもらっている。（後略）

T社ストライキの時系列経緯

日　時		経　　緯
7/26（火）	夕刻	モーター工場の数人の作業者が仕事を中止。
	夜	モータ工場の数百人が仕事を中止。
7/27（水）	朝	医療機器工場にストが波及。数十人が職場を離れた。
7/28（木）	午後	大連開発区の人事局、総工会、外商投資企業協会がT社に入り、調停を企図。 社員代表4人が会社側と交渉、10項目以上の要望事項を提出。
7/29（金）	終日	社員代表と会社側、市政府との交渉が続く。 交渉がまとまり、「復帰同意書」と「復帰反対声明書」をスト参加者に配布。何れかを8月1日朝までに提出するよう伝える。
8/1（月）	朝	「復帰同意書」を提出したもの577人、「復帰反対声明書」を提出したもの5人。 総経理から朝礼で社員に説明があり、生産が再開された。 「復帰反対声明書」を提出した5人は8月1日をもって辞職手続きを行った。

T社ストライキの要望事項と交渉結果

要望事項	
重点事項	① 基本賃金を300元アップすること。 ② 作業者の賃上げとして毎年、最低30元アップを保証すること。 ③ 労働強化を低下させ、生産ラインのスピードを20秒に戻すこと。
その他事項	④ 医務室制度を改善すること。 ⑤ 残業は振り替えでなく残業料で支給すること。 ⑥ 食堂の飲食水準を改善すること。 ⑦ 十分な安全保護用具を提供すること。 ⑧ 出勤カード管理を合理化すること。 （以下省略）

交渉結果
① 係長以下全員に対し基本賃金を一律100元アップする。 ② 係長以下全員に対して一律50元の手当てを支給する。 （モーター、医療機器工場） ③ 生産ラインのスピードを20秒に戻す。 ④ 全員に医療補助金として毎月75元を支給する。

豆知識①「工会について」

工会と労働組合

誰にでも建前と本音がある。とくに日本では政治の世界に多いが、一般市民はそれが本音か建前か分かるから不思議である。

日本の文化と欧米の文化の違いは、日本は文脈・ニュアンスの文化で、欧米は言葉の文化と言われている。日本では、裏の意味を読みとらなければ、意志疎通ができない。たとえば、京都の「ぶぶ漬け」の話は有名であるし、「前向きに、考えます」などもその典型だろう。小泉元首相が、靖国神社参拝について問われたときに「適切に判断します」と答えていたが、日本文化に慣れていない外国人、特に欧米人には分かりにくい。

欧米は基本的に言葉（契約）の世界で、イエス、ノーをハッキリさせる。直接で分かりやすいが、日本人にとっては余韻がなく、情緒がないと感じる人もいるだろう。

さて、中国の場合は、難しい。日本文化と欧米文化の間にあるからで、半分は文脈、半分は言語の文化である。中国でも、建前と本音が違うことは多いが、半分が本音で、半分が建前なことが多々見受けられる。

だから、小泉元首相の「適切に判断します」の意味するところを、中国人はよく汲みとっていたのではないか。

閑話休題。

中国の労働者について考えてみよう。

憲法上、労働者は国家の主人公であるが、改革開放後の労働者の実体は主人公とはほど遠い存在である。外資が労使関係の概念をもち込んできたこと、とくに、九二年に市場経済が導入され、国営企業の合理化で余剰人員が巷に溢れたことで、伝統的な労使関係は一変してしまった。

にもかかわらず、労働者（工人）は、中国の国旗、五星紅旗の星の一つで、由緒ある階級である。市場経済の導入による中国の経済発展で、社会システムが変わってきているが、依然として労働者は国家の主人公である。この言葉のレトリックを理解しないと、中国労使問題の本質を見誤る。

労働者を巡る社会環境が変わるにつれて、労働者は中産階級との所得格差に不満を抱き、権利の主張をするようになった。労働者が自ら、経営者側と交渉する術がないのに気が付くのは当然であった。

中国政府は、短期的にはこのガス抜きを迫られており、長期的には新しいシステムを作り上げる必要に迫られている。

さりとて、日本式の労働組合を作るわけにはいかず、結局既に存在する工会になんとかその役割をもたそうとして躍起となっている姿が目に浮かぶ。

そんなこともあって、一九五〇年に出来た工会法を、一九九二年に改正し、二〇〇一年に再び改正し、労働者の保護を一歩進めたのである。

条文中に、工会設立の義務、労働協約の締結強化、工会役員に関する規定、従業員代表大会の充実、工会の経営参加への可能性など、言葉は調子よく踊るが、政府の思惑通りには、いかないようである。

抜本的な改革ができない限り、個別の条文を変えても、その効果は発揮されない。なぜなら、工会は歴史的にも労働者が労使関係のなかで自ら作り上げた組織ではなく、共産党の指導でできた組織で、要はお上が労働者を指導するシステムである。

この根本概念が変わらない限り、すべて対症療法的な解決しか望めない。改革開放前は、社会のシステムがそうなっていて誰も疑問を挟まなかった。労働者は鉄飯碗といわれ、政府がすべて面倒をみる制度であった。

工会は、共産党に従属している。つまり共産党の出先機関である。にもかかわらず、費用はほぼ会社もちである。会社は、会社で支払った労務費の二パーセントを工会活動のために負担する。そのうちの一パーセントは、地方の総工会を経由して、共産党の組織である中華総工会に上納される。工会役員の民主的選定といっても、共産党の影響がある。というのも、役員のほとんどが共産党員だからである。

工会は、体制派の組織であって、上からの労働者保護を謳っている。それはそれでよいことだが、労働者は常に受身である。労働者たちが自ら行動を起こそうとすると、そこには共産党の許認可の壁が立ち塞がっている。

だから、工会を労使関係の一方の当事者と位置付け、経済社会の安定をもくろむ政策的な意図が窺われるが、労働者たちの自立の流れに逆らうのは、難しいと思われる。

中国に進出した日本企業は、自主的にこの問題を解決する手段もなければ、能力もない。仮に、労働者が不満を日本人経営者にぶつけて対峙するようなことがあっても、行き着くところは日本企業対共産党との交渉という図式になる。だから、現地日本企業の経営者は、これからは難しい舵取りを強いられることになる。

「工会」をどう訳す

「増田さん、工会の日本語訳は何かないかしら?」

と、その新聞記者は聞いてきた。

前に取材を受けたとき、「工会を労働組合と訳すなよ」と注意したことを思い出した。彼女は私の忠告を守って、紙面では「工会」と書き、但し書きを付けて読者に分かりやすく説明している。しかし、昨今のように、「工会」の記事が頻繁にでてくると、いちいち説明している訳にはいかない。かといって、一般の読者の間では、「工会」という言葉は市民権を得ていない。で、冒頭の問いかけになった次第である。

私が最初にこの組織を知った九〇年代の始めには、「工会」は、「労働組合」と訳されていた。私が団長を務めた、関西生産性本部の訪中団の受け入れ先が工会、正確には全国中華総工会、であった。当時、訪中団には、必ず受け入れ機関が必要であり、労働問題を研究する相手に「工会」がなったのは必然的な結果であった。

世界で使われている労働組合とは、似て非なる組織であることが、すぐ分かった。しかし、調べれば調べるほど、単純に比較できず奥が深いことがわかってきた。

そこで、中国の友人の助けを借りて、この厄介な組織である工会について調べてみた。少々論文調になるが我慢して付き合ってほしい。

はじめに、工会について述べる前に、基本認識が必要である。

日本と中国は社会システムが根本的に異なっているため、労使問題や労働組合問題を考える前に、先ず両国の歴史・社会・経済など異文化間の違いを考える必要がある。とくに、資本主義と社会主義の違い、中国の経済史や市場経済の発展経緯、日中双方の会社法・労働法の違いなど、基本的な理解が必要である。

工会は、社会構成の一組織として、社会の変化とともに役割を変えてきたし、これからも変わって行く。従って、まず歴史的観点から、中国の社会制度や生産関係における変化をみていかないと、工会の本質が分からない。

更に、言葉の定義にしても、歴史の背景の違いから異なることもあり、株主総会、取締役会、管理職、労働組合、組合員など、日本と中国では内容がかなり違っているので十分注意が必要である。知っての通り、「汽車」は中国では自動車のことを指す。身近な言葉でも日本語と中国語で意味が違うのだから、専門用語に至ってはさらに気を付けなければならない。

つまり、一つの言葉、例えば「工会」を説明するのに使う言葉自体も内容が違うのだからやっかいである。これから以降、中国の法律に使われている言葉は、できるだけ中国語に忠実な表現を使わせてもらう。例えば、無産階級といった言葉は、耳に馴染みのあるというべきか、ないというべきか分からないが、少々おどろおどろしい表現になるところはお許しいただきたい。

工会の語源

繰り返すようだが、中国の工会は、日本の〝労働組合〟ではない。

中国の『辞源』、『現代漢語辞典』（ともに商務印書館刊）には、次の通り定義されている。

「社会主義国家の工会とは、共産党及び労働者（無産階級）とを繋ぐ架け橋であり、大衆に対して共産主義思想の教育を行う学校である」

一方、日本の『広辞苑』（岩波書店刊）での労働組合の定義は次の通りになっている。

「労働者が労働条件の維持、改善及び社会的地位の確立を図るために組織する大衆団体」

この中国の定義は、私たちが通常理解している労働組合が、中国の日本企業に導入された工会と同じかどうか、まず自問自答してみる必要がある。

中国の工会と日本の労働組合の位置づけの違い

ここからは、工会が日本の労働組合と一致しないことは、一目瞭然である。

さらに、「中国工会章程（＝規定）」での定義は次のようになっている。

「中国の工会は中国共産党の指導の下で、工人（＝労働者）階級（無産階級）自らの志願により組織される大衆組織である」

ここでは、工会の階級性と群集性が強調されている。工会は、群集の希望や要求を反映する一方、いる。

「中国共産党の綱領と路線に従い、共産党の方針と政策を執行しなければならない」と明記されている。

言い換えると、同じ無産階級の大衆組織である共産党は、無産階級の先進分子（指導者）でより共産党を充実し、より共産党を信じ、社会主義建設に貢献しているものだが、これに対して、工会は、先進分子を含み、中層部分と低層部分をも対象としている。

だから、日本企業の中国の工場に作られた工会も、経営者、管理職、一般従業員を会員としているのである。これをみても、工会の位置付け、性格は、資本主義国家でいう労働組合とはまるで違うことが明確に分かってくる。

工会組織の役割と機能

労働組合と一口にいっても、海外にはいろいろな種類の労働組合がある。

日本の場合、企業内組合で、業界によってさまざまな上部組織の産業別労働組合があり、ナショナルセンターとしては連合がある。

中国の場合は、工会組織は中華総工会（＝ナショナルセンター）一つしかない。そして、全国組織（ナショナルセンター）、地方組織（地方単位の総工会）、基礎組織（企業単位の工会）に分かれている。

この工会の役割は、基礎組織の活動に最もよく反映されている。

工会章程の第五章二六条に、工会の役割を次のように規定している。

①　愛国主義
②　民主的管理
③　労働競争活動
④　技術革新や経験交流
⑤　娯楽活動やスポーツイベント
⑥　福利厚生事業
⑦　生活困難な従業員への補助、労働条件の維持改善及び経済的地位の向上など

つまり、これからみても中国の工会は、企業の共済会や社友会という社員組織の性格に似ている。従って、「工会」を「労働組合」と翻訳すると誤解を招くことになる。

工会と中国共産党との歴史的かかわり

次に、工会と共産党のかかわりを歴史的にみてみると、大変複雑な経緯をたどっていることが分

かる。

中華総工会の沿革

一九二一年　中国共産党が中国労働組合書記部（本部）を設立し、全国の労働者運動を強化した。

一九二五年　中国労働組合書記部は、全国総工会の前身であった。

一九二七年　中華総工会が正式に設立された。

第一回大革命（共産党と国民党による国内戦争で共産党が敗北）の失敗によって、工会の活動は非公開化された。

ここまで、中国の工会運動は、共産党の助手として共産主義革命運動に協力することであった。その後、抗日戦争、第二回国内戦争などを経て、中華人民共和国設立直前の一九四八年に中華総工会の活動は、再度公開化された。

一九五〇年　「工会法」が発令される。特徴は、「共産党への従属性」。すなわち「工会規約」では、工会は、中国共産党の指導する労働者・職員が自発的に結集した労働者階級の大衆組織である、と定めている。

一九五八年　劉少奇は、中国共産党を代表し、新しい時代における工人階級労働者の新たな役割を明確にした。つまり、社会主義建設を促進するために、工人階級は自ら積極的、創造性をもって努力すること。
この時代から工会の役割は、共産党の社会主義建設の協力者に変わった。
一九六三～一九七七年この期間に起こった文化大革命の一〇年間に、工会は完全麻痺状態になった。文化大革命後、工会活動は再開されたが、その役割は、娯楽活動やスポーツイベントを催したり、従業員に対する福利厚生事業を行ったり、生活困難の従業員を補助したりすることに限られた。

一九九二年
市場経済の導入で、外資企業が増え労使関係が複雑になる。
従来の工会法を大幅に修正し、現実に沿った労使関係を反映して新工会法が発令される。

一九九三年
工会法規約の制定

二〇〇一年
工会法が、更に改正され「改正工会法」として発令、現在に至っている。
主なポイントは、
・「工会設立」の義務付け
・「団体交渉権」と「労働協約」締結権の強化
工会は、従業員を代表して企業と対等な立場で協議し団体交渉を行い、労働協約を締結する。企業側が労働協約に違反し、従業員の労働権益を侵害したときは、工会は、法に基づいて企業側の責任を追及できる。
・「非公有企業」における「民主的管理」(経営参加)への言及。

社会体制と工会

資本主義と社会主義の政治制度や社会制度の違いによって、労使関係は根本的に異なってくる。社会主義国家の中国では、企業は国家に保有され、労働者は国家の主人公として企業で働き、労働者と企業に対立した雇用と被雇用の関係ではない。

企業が国有国営から国有民営、国有民営から民有民営に変わってもこの概念は変わらない。改革開放以前の中国では、賃金制度はいわゆる中央の統一決定によるものであった。つまり、企業の生産性や利益収入とは関係なく、新卒の初任給は幾ら、何年後は幾らとすべて統一基準で決められ、工会の「賃金交渉」で決められたものではなかった。

一方、改革開放に伴い、外資企業や個人企業が増え、中国の労使関係は以前より複雑になってきた。国有以外の企業、とくに外資企業の場合、雇用と被雇用の問題、つまり労使関係が現実問題となりトラブルが生じてきたため、中国政府は工会の役割を現実に即して決めざるを得なくなった。

それが、一九九二年四月の工会法の制定、一九九三年の工会法規約の制定に結び付いたのである。

さらに、旧法だけでは現実的でなくなり、二〇〇二年には改正工会法が制定された。

以上で分かるように、日本の労働組合と中国の工会の違いは、経営上の問題ではなく、制度上の問題であることを認識しなければならない。

中国工会についての研究の新たなアプローチをここに提案してみたい。

その一．工会の研究を現状分析から、歴史的、制度的な分析研究へウエイトを少し移したらどうだろうか。

工会は中国社会構成の一組織として、社会の変化とともに役割を変える。従って、歴史的観点から、中国の社会制度や生産関係における変化を分析した上で、工会の役割を検討するのも今後の研究方向のひとつである。

その二．中国における工会活動を考える際、国有企業と外資企業を分けて考える。

「中国工会規定」（一九八三年十月二三日、中国工会第一〇次全国代表会議）第八章の付則による「合弁・合作・独資企業の特殊問題について、中華全国総工会により別途規定を定める」とはつまり、中国政府および全国総工会は、外資企業の中に従来の「工会」でなく、資本主義的労働組合を作らせようとしたフシがある。従って、私たちもこの問題の研究を進めるにあたり、中国政府の意図を付度(そんたく)し、先ず、中国国有企業の「工会」のイメージを捨てなければならない。過渡期にある中国工会をより深く理解する必要がある。

その三 今後、外資企業の中に、「工会」でなく、実質上の「労働組合」を設けることができるかどうかの方法論を考える。

直面する問題は、共産党国家の中国では、例え外資企業と言えども、共産党の意向を無視できないので、共産党の意向を踏まえて労働組合の役割を果たす方法を考える必要がある。

一般の従業員にとっても、旧来の工会のイメージは非常に強く、その観念を変えるためにも労働組合に関する知識を学ばせる必要がある。

ところで、日本の中国専門家の間では、「工会」は、「工会」とそのまま使っている。が、大手の経済新聞社でもいまだに「労働組合」と訳している。そのような記事は、中国の工会がもつ特殊な歴史的側面や歴史的な深層を見逃してしまいかねない。

そこで、どうしても「労働組合」という言葉を使うなら「中国式労働組合」または、「中国的労働組合」としたらよい。

ここでの「的」は、中国語の「の」でなく「中国固有の」という意味である。

豆知識②「ストライキ権について」

中国文化は文章（言葉）の文化と行間の文化が半分半分だと言われると、人によっては深読みし過ぎる嫌いがあるようだ。行間の深読みも長い時間軸でじっくり考えないと分からない場合もある。そんな悩ましい命題を突き付けられているのが、中国の憲法とストライキ権の関係であろう。

憲法に規定されていた権利が、憲法改正により条文から削除されたら（権利が否定されたのではない）どのように解釈されるだろうか。

権利が否定されたのではないので、従来のままの権利を有すると解釈するのか、あるいは、権利がなくなったと解釈するのか、人によって意見が真っ二つに分かれる悩ましい問題である。

中国の憲法は、一九五四年に制定された。その後、一九七五年、一九七八年、一九八二年に公布された、一九八二年の憲法が現行憲法とされている。そして、一九八八年、一九九三年、一九九九年、二〇〇四年に更に改正されている。

一九七五年、一九七八年の憲法には、「ストライキの自由」があると定められているが、一九八二年憲法は、この「ストライキの自由」を削除している。

言うまでもなく、ストライキの自由は、労働者の基本的権利である。市場経済の下、賃金労働者が雇い主に対し、自身の利益を守る手段である。（日本国憲法では、第二八条に定められている）基本的な権利であるのだから、あいまいな解釈が介在しないようにはっきりと規定すべきである、と考えるのが常識であろう。

しかも、労働者の基本中の基本の権利が前の憲法にはっきり規定されていて、あとで削除されたとしたら、ストライキ権を黙認したのか、あるいは違法と断じているのか人によって解釈が分かれる。

事実、多くの論文や論評がでているが、「憲法がストライキ権を認めていないものの、法律上「ストライキ禁止」の規定もない。法律が禁止してないことは、すなわち許可されていることである」（劉楠来（リュウナンライ）中国社会科学院人権研究センター教授「海外労働時報」日本労働研究機構発行）と言うのが、多くの中国の識者の見解のようであるが、どうも額面通り受けとれない感じがする。日本人であったらなにか政治的な臭いを感じとるのはやむをえまい。すなわち、ストライキをやってよいと書いてあったものが、削除されたのだから、言外にストライキはやるなというメッセージに受けとるのは自然だ。

ストライキというのは、雇用者と労働者の経済的な解決手段（最後の）の一つであるが、いろいろなステークホールダーを巻き込んで、政治的な運動にも発展する恐れがある。とくに、集団行動であるから、民主化運動にも容易に結び付く。

中国憲法では、一九八二年にこのストライキの条文が削除されている、一九九四年に、大連市開発区企業労働争議処理暫定規定にストライキ権を認めたような条文がある。憲法で消えたストライキ権条文が、地方条例で保障されているとすると、どのように読みとればよいのだろうか？

【特別対談】

日本の労働組合の指導者からみた中国労働問題

急速な経済成長を遂げている中国。その一方で、争議の多発など労働のシステムにはほころびが生じはじめているという。労働組合をもたない中国では、こうした問題をどのようにして解決していくのだろうか。（社）国際経済労働研究所の前川朋久理事長に日中間での労使関係に対する意識の違い、そして制度の違いについて聞いてみた。

中国の労働環境には「労使」という概念がない

増田　この対談はこれまで、企業の経営者や学識経験者を中心に行ってきたので、労働組合のご出身は前川さんが初めてです。松下電器の労働組合委員長、連合大阪会長を経て、現在は、（社）国際経済労働研究所の理事長をされているということで、今回は「労」という切り口で日本と中国の関係について、お聞きしたいと思います。さっそくですが、前川さんはどのようなカタチで国際労働運動と関わってきたのでしょうか。

前川　私は松下電器の労働組合の委員長を務めていましたが、この間に、電機連合での欧米調査や国際金属労連（ＩＭＦ）大会への参加などに加えて、松下電器として、マレーシアでの労働組合結成のトラブルや、タイでのストライキ、あるいはドイツでの労使関係など、労働関係に関するさまざまな調整を行ってきました。

また、松下電器産業労働組合では、関連企業労組の世界会議を設けて、数年に一回、いろんな状況を報告してもらい、問題があれば解決するということをつづけてきました。

増田　世界各地を飛び回っていた前川さんですが、初めて訪中したのはいつ頃ですか。

前川　中国と関わりをもつようになったのは遅かったです。初めて中国と関わったのは八八年のことでした。私は中立労連という組合で議長を務めていたのですが、総評同盟の仲間からから「中国に行こうや」という声がかかって、急遽、訪中することになったのです。そこで、行く以上は「乾杯、乾杯」ではおもしろくないから、中国側に「工場みせてくれ」と頼んだわけです。そうして北京、上海、広州、深圳を回り、最後の深圳で日系企業の工場を見学させてもらったのです。以降毎年のように訪問しています。

増田　初めて中国の労働環境を見学して、日本との違いをどのように感じましたか。

前川　そのときに感じた日中の労使関係の違いは、「労働者を真に代表する組織の有無」ということです。日本の場合、組織率が二割を切っていても、少なくとも大手といわれるところには労働組合があります。しかし、中国の場合は「工会」はあっても、労働者の真の気持ちを代弁するような機関はないのです。

工会という組織は、副総経理から人事部長、工場長までがメンバーに入っています。けれども、建前的には労働者の権益を擁護することになっているのです。たしかに、日本では一時、工会を労働組合と訳していました。しかし、工会は従業員の組織であっても、労働組合ではありません。「似て非なるもの」なのです。では、工会の役割は何かというと、権益の擁護、経営をよくするための参加、教育といったことなのです。メンバーになれるのは、正規従業員だけで、いま増えている農村工、非正規従業員は参加することができません。つまり、労働組合との違いは経営幹部が参加していること、会費については従業員の給与の二割相当分を企業が払っていること、労働組合の役割以外の業務をもっていることなどです。社会主義体制下では「労使」という階級対立を認めることはないのです。日本の場合は、時代によって先鋭化したり、そうでなかったりしますが、いつの時代にも「労使」という関係がありました。この違いは決定的だと思います。

工会が中心となって下崗（シャーガン）の再教育を実施

増田　中国経済の成長とともに、労働者たちの生活が豊かになり、価値観も多様化しています。と同時に、自分の権利を主張する人も増えているようです。日本の場合、団体交渉やストライキなどがあるわけですが、中国の場合、労働者は自分の立場をどう守っていくのでしょうか。

前川　中国では正式な従業員の組織は工会しかないので、物事の中心は工会に頼らざるをえないという状況ですが、増田さんが指摘されたようなトラブルを解決するには、労働者側の代表ではなく、従業員代表と経営者代表と工会というカタチで解決にあたるわけです。

増田　となると、組織体も違いますし、日本の労働組合が中国から学べることは何もないのでしょうか。

前川　実はいくつかあるんです。例えば、ここ数年間、大変話題になった下崗に関することです。これも日本では「一時帰休」と訳されましたが、意味合いが大きく違います。日本でいう「一時帰休」とは、一度仕事を休んでまた職場に戻ることですが、中国の場合は国営企業をリストラされてしまうことなのです。つまり、事実上、元に戻れないというわけです。この下崗に対して、工会が地方政府や企業と連携して再就職訓練をほどこしているのです。この活動がなかったら、暴動が起こったのではないかといわれています。工会自身が職業紹介所を開設している例もありますから、そういう意味では、労働市場の改善にはたした役割は非常に大きいと思います。

その点、日本の場合は、単組レベルでは経営者に対して「雇用を守れ」と主張し、連合レベルでは政府に「雇用の機会を作れ」と主張しています。ですが、具体的に労働者市場への影響力をもつことはほとんどありません。ですから、下崗に対する工会の取り組みは、おおいに日本にとって参考になると思うのです。

相愛主義で基礎をつくり労働問題の解決に努める

増田　「揺りかごから墓場まで」といった具合に、中国ではいままでは国営企業に入っていれば、死ぬまで働くことができました。しかし、そのシステムは変わってしまいました。これから先、中国の労使関係、また実質的に従業員の組織である工会はどのように変わっていくのでしょうか。

前川　一つの例として「相愛主義」があります。これは要するに、企業は従業員を愛し、従業員は企業を愛するというものです。しかし、実際に企業のなかで行われているのは、ものすごい実力主義と能力主義です。ですから、これがはたして成功するのかどうかはわかりません。もしかすると、欧米型でも日本型でもない最新の労使関係モデルが誕生するかもしれません。

日本の場合、すでに労使関係は崩れたといってても過言ではありません。終身雇用、年功序列、企業内組合の三種の神器といわれたうちのふたつが完全に崩れているのですから。しかも、組織率は二割を切り、圧倒的に多くの中小企業には労働組合がないわけです。こうしたなかでも、日本的な労使関係が維持されている。それはなぜか、私自身もわからない点があります。

とすれば、私はあくまで労使関係の基本は人間関係だと思っています。上司と部下の人間関係がうまくいっているか、意思疎通はうまくいっているか、目標は共通化されているか、それに対するディスカッションができているか、そういったところにつきるような気がするのです。ですから、日本はシステムが壊れても、人間関係が比較的健在だから、それほど荒れずにすんでいると思うのです。中国も相愛主義をキチンと下地に敷いて、経営者がそこに力を入れれば、それほど心配することはないと思います。

ただ、中国に進出している日系企業の場合、そこに力を入れる企業もあれば、工会に頼りっぱなしの企業もある。ところが、アメリカの場合は「工会なんかいらない」と、職場で直接、労務管理をしています。それがモラルとモチベーションも高める最適な方法だと考えているようです。あきらかに、日本や中国とは違う発想です。

人同士の交流を通じてたがいの問題を改善する

増田　日本の場合、是非は別として日経連と連合と春闘で相場がある程度決められていました。一方、中国は労働組合がないから、労のなかのコンセンサスが決められません。経営者からみても、日経連みたいなものはないわけです。そのあたりのシステムの違いが、日本企業にとっては、理解に苦しむところではないでしょうか。

前川　先ほど工会には非正規従業員が入っていないと話しましたが、現在、この人たちの不満が問題になっているのです。ときには、労働争議が勃発しているほどです。日本も非正規社員が増えていて、さまざまな問題が生じています。現在は、組合を挙げてストライキしたり、団体交渉したりというのではなくて、個別の問題にどう対処するかが中心になっていますが…。だからこそ、日系企業は工会を大事にしながらも、職場委員会を作って、そこで上司がその代表とつねに会話をするということが重要になります。あとは、その職場委員会の合同大会を年に一～二回ぐらい開催してはどうかと思われます。こうした小さな積み重ねがもっとも大切なことなのです。

増田　中国がこれから労使関係を学ぼうとするときに、アメリカ式と日本式のどちらを学んだほうがいいのでしょうか。

前川　工会は企業別になっています。ですから、企業の発展ということを考えれば、企業別組合方式、いわば日本に近いカタチが基礎になるのではないかと思います。

増田　日本の労働界として、何か中国に働きかけるようなお考えはありませんか。

前川　中国の社会システムは共産党の指導下にあり、それには絶対に逆らえないという前提があります。ですが、その範囲のなかで、いかに労働組合化、または労働組合の機能を強めるかがポイントになってくるのではないでしょうか。いまとなっては、非正規従業員を工会のメンバーに入れるべきだし、逆に経営者は外す必要があると思います。また、会費は従業員が自ら払うべきではないかとも思います。ですから、組合同士の交流や有識者の提言を通じて、こうした意見を中国側にも伝えて行きたいと考えています。

増田　現在の日中関係をみると、環境問題については、かなり交流していますが、労働問題となると公的な場がほとんどないように思います。日本の企業の労働組合と現地の組合との交流もほとんどできていません。冒頭に、松下電器の世界会議の話がありましたが、これはとても素晴らしいことだと思います。

前川　しかし、最近は日本企業の人本主義も弱体化しているように思います。経営者にはそのあたりのところをよく考えてほしいと思います。そうしなければ、中国の労使問題を考える前に、日本で労働問題が勃発してしまいますからね。先ず、日本の親会社（出資元）と現地の出資先企業の工会との交流をもっと日常的にすることも重要だと考えます。

増田　前川さんが理事長をされている国際労働研究所では、中国の労働問題に関して、何か活動をしていますか。

前川　昨年から中国工会研究プロジェクトを行ってきました。その集大成として、日系企業一〇〇社、米国企業一〇〇社にアンケート調査をしました。それによると、現実には工会の問題解決機能が落ちており、また、労働争議もむしろ工会があるところで起こっていることがわかりました。ですから、最近はシンポジウムを北京や上海でできないかと検討しています。いろんなチャンネルで啓発や討論の場を増やさないといけません。

増田　中国の労働問題はこれから大きく変わっていきそうですね。本日はありがとうございました。

「コロンブス」二〇〇六年一一号（東方通信社）
「「労使関係」を持たない中国で日本的な相愛主義は成長するか!?」再録

前川朋久（まえかわともひさ）氏プロフィール

一九三八年生まれ。五七年福岡県立三池工業高校電気科卒業。五七年松下電器産業に入社。六四年松下電器産業中央執行委員就任。八二年中央執行委員長就任（九六年退任、顧問就任）。九五年連合大阪会長就任（九九年退任、顧問就任）。九九年（社）大阪労働者福祉協議会会長就任（〇四年退任、顧問就任）。〇〇年（財）アジア・太平洋人権情報センター理事長就任、（社）国際経済労働研究所理事長就任後、現在にいたる。

第三章

労働契約法に当惑する日本企業

なぜ、いま労働契約法か

社会変化に追いつかない法整備

一九九二年、中国は社会主義計画経済から社会主義市場経済に移行した。労働者は主人公であること、労働者を指導するのが共産党であった社会主義計画経済の時代には、労使関係なるものはなかった。つまり、企業経営者と労働者という対立関係はなく、すべての関係者が体制派であった。

市場経済導入前には外資企業の数も少なかったが、一九九二年からは外資企業の中国進出が増大した。そこに、いままで中国が経験したことのない労使関係がもち込まれた。資本家と労働者の関係である。

当時、経験した二つの出来事がいまでも脳裏に焼きついている。労働法の発令前の一九九二年にオムロン最初の独資工場が大連で稼動を開始した。日本から派遣された総経理が、社内規定を作ろうとして、労働法規を調べ始めて愕然とする。いわゆる労働関係の法令、法規が整理されてないのである。日本では、労働法なるものはないが、労働組合法、労働関係調整法、労働基準法は労働三法といわれ、労働法の基本的枠組みになっている。

工場運営の関係法規がてんでんばらばらで、何を参考にしてよいか分からないと総経理も嘆いていた。古い法規でお互いに関連が分からないし、本文があっても修正した法規もあり、とてもすべてを掴むことができない。


「じゃぁ、どうするの」

と聞いたら、

「でたとこ勝負ですよ」

と宣ったものだ。


黎明期に中国で働いた日本の企業人たちは、豪胆であったように思う。

もう一つは、一九九四年の秋、関西生産性本部の訪中団を率いて、遼寧省の瀋陽を訪れたときである。労働法が決まり一九九五年一月の発布を控え、市の労働関係の部署は、その法律の咀嚼と地方条令に落とすために忙殺されていた時期であった。

意見交換の懇談会のことであったと思う。

「この条文はよく分からないのですが……」

「増田先生、もっとよく勉強してください」

「はぁ、でも解釈がいろいろにとれるのですが……」

「ここに書いてある通りです」

相手もよく理解できていないことに気が付いたが、無理もないことでいままで経験していないことだらけであったわけで、責めるわけにはいかない。

中国人は、プライドが高いせいか、知らないとはまず言わない。特に役人に多いようで、意見を聞くと滔々(とうとう)と説明してくれる。が、ほかの役人に聞くと、また違う意見を滔々(とうとう)としてくれる。だから一人に聞いて、これが役所の意見かと思ってはいけないようだ。

話が横道にそれたが、中国は世の中の変化の速度が速く、法律も修正が次から次へと必要になる。

鄧小平改革から労働法発布まで

「社会主義市場経済」って何だ、と多くの人がいまでも思っている。

鄧小平が行き詰まった中国経済の起死回生の策として、市場経済を採用したのは、一九九二年のことである。一九七八年に改革開放政策を採用し、あの手この手で外資企業を勧誘したが、ほとんど効果があがらなかった。

市場経済に期待しつつ、低賃金の生産拠点として、また、新しい市場を狙って、外資企業は雪崩を打って中国に進出するものの、社会主義市場経済のなんたるかは分からなかったに違いない。

要は、安いものさえ作れるなら、国の色は赤でも白でもよかったのである。ちなみに、この年の総投資額が、開放後の一五年の累積投資額を上回るほどであった。鄧小平の思惑は、見事にあたったのである。

当然であるが、外資企業は、労使関係のない新中国に労使関係をもち込んだ。以後、新中国の「労使関係」は、市場原理の働かない未知の世界に向かって試行錯誤を繰り返すことになる。

労働問題が大変な問題だとクローズアップされるのに時間はかからなかった。が、その当時は、社会主義が労働市場でどのような役割を果たすのかよく分からなかった。

中国式市場経済は、資本主義が当然と思っている外国人たちにとっては、見聞すること新しいことばかりで、みんな戸惑っていた。同時に、計画経済に慣れ親しみ、国営企業で働いていた中国人も戸惑った。

中国の改革は、漸進的改革と呼ばれ、新しいシステムと古いシステムがしばらくの間共存する。だから非常に分かりにくい。

市場経済になって、国営企業は、生き残りをかけて改革を迫られる。そのあおりを食って、国営企業の労働者は、直接その影響を受けることになる。

国営企業も労働者も、突然「市場経済」になり、いままで経験したことのない労使関係に直面することになる。

なにしろいままでは、労働者は国家の主人公であり、「労働者は王様」であった。その待遇は「鉄飯碗」といわれ、揺り篭から墓場まで政府が面倒をみてくれていたのである。どっぷりと浸かっていたその平等主義（統一分配）と終身雇用制（固定工）が、ある日突然、「終身雇用制は止めた！」と言われ、契約制度になり、業績成果主義になったのだから、労働者は驚天動地になったに違いない。

王様は五人の仕事を一〇人でやればよかった。労働生産性などというのは、資本主義の言葉であった。

それでも、労働者は、その本質が分からなかったので、従順に従うしかなかったが、彼らに労働者としての権利意識が芽生えるのは、二〇〇一年にＷＴＯに加入してからのようだ。一〇年の歳月がかかった。

政府も、まずは条件整備をせざるを得ず、いままで発令された膨大な労働関係の法律、条例、規定などを集大成して労働法を作り一九九五年一月一日に発令発布した。

そして　朱鎔基首相の改革

二〇〇八年一月一日に発令された「労働契約法」もその例にもれず、「労働法」ができて一一年目に修正せざるを得なくなった現実がある。

なぜか？

最大の理由は、中国社会にいろいろな分野で所得格差がでてきて、労働問題が社会問題化してきたことにある。国内の新興企業や、外資企業に過酷な労働をしいられている労働者が、権利意識、自立精神に目覚めたのである。

その背景には、鼠をとる猫は、黒であっても白であってもよいというなりふりかまわぬ、先富論の蔓延があった。それが、所得格差を生み、社会問題化してきたからである。

日本でも格差問題がいま政治問題になっているが、日本の格差は中流階級が上下にバラケタ格差である。中国のほうは、底辺から上に飛躍した格差である。低辺の人口に比べ、上にバラケタ人々は一握りであるが、羽振りがよい。

残業残業で疲れ果てた顔をあげて工場の窓から外をみると、高級車に乗った若者たちが颯爽（さっそう）と通り過ぎて行く。彼我の境遇の差に「このやろう」と思うのは自然の成り行きであろう。

出所：中国国家統計局「労働と社会保障事業発展統計公報」

かくして、各地で労働争議が起き始めた。二〇〇〇年に約一三万五〇〇〇件あった労働争議が、二〇〇六年には、その三倍となる四四万七〇〇〇件と増加した（『中国統計年鑑』各年度）。そのようななかで、二〇〇五年に大連で起きた山猫ストは、象徴的な出来事であった。

中国政府にとって、労働争議が集団争議となって、中国全土にまで広がることは絶対に避けねばならない喫緊の課題となった。

もう一つの理由は、鳴り物入りで発令された労働法が、朱鎔基首相の豪腕の下、断行された国営企業の改革による中国社会の発展についてゆけず制度疲労を起こしたことである。

さらに言えば、この労働法の基本的な考え方は労使の関係を「労働契約」に置いているが、経済の発展とともに労使関係も発展する。国営企業の余剰人員の整理、合理化は、鉄飯碗を破壊した。終身雇用から契約制度、しかも、それは、改革を浸透させるために短期契約が中心であった。

そして、その中核の労働契約が現実的でなくなってきたのである。その結果、「労働法」が「新労働法」でなく、「労働契約法」として衣替えしたわけであるが、まだ多くの問題を含んでいる。

そのような現実を踏まえて、「労働契約法」のセミナー、講習会が中国国内、日本で盛んに開かれている。

当惑する日系企業～労働契約法の目指すもの～

「増田さん、この法律は中国企業を対象にしているのか、外国企業を相手にしているのかよくわからないですね！」

と、セミナーに参加した中国人の友人がため息をついていた。

また、参加した日本企業の従業員に聞くと、「条文の説明が多く、日本企業としてどうすればよいのかという話はほとんどなかった」と嘆いていた。講師の方も分からなかったに違いない。

二〇〇七年六月二十九日に、「労働契約法」が全人代常務委員会に承認され、二〇〇八年一月一日から実施されることになった。

二〇〇六年三月に第一回の審議で作られた草案が公開され、第一回のパブリックコメントが募集された。そのときは、一九万件の意見が集まったそうだ。

その後、全人代常務委員会の第二回審議案が提示され（二〇〇六年一二月）、また、意見が求められた。翌年四月に第三回目の審議が行われて、六月「労働契約法」が正式に公布された。第一回目のパブリックオピニオンが募集されてから一年三ヶ月の月日が経っている。

だから、多くの人の耳目をあつめ、いやが上にも関係者の関心が高まった。細かい条文はともかく、なぜいま、労働契約法なのか、その本質を見極めることが先決である。歴史を溯り、本質をあぶりだすと、分かりにくい条文の背景がみえてくる。

労働契約法の条文の分析も重要であるが、それだけでは、中国の労使問題の本質に触れられない。まさに、「木をみて森をみず」である。

森をみた場合、将来、この労働契約法だけで、中国の労使関係がカバー仕切れなくなるであろうことは、容易に想像がつく。なぜなら、政府のお仕着せの法律であり、この労使契約法の目指すところは、政府による労働者保護である。

その目的を遂行する手段として共産党指導の「工会」を位置付けているが、「工会」は、共産党の、共産党による、共産党のための組織で、労働者の、労働者による、労働者のための組織ではない。つまり、労働者が、労働者の権利を自ら守る仕組みになっていない。

ここに、資本主義と社会主義の違いを垣間みることができる。

鄧小平が、市場経済を導入した際に、当時の中国の社会システムとの間で、数々の矛盾が噴出するであろうことを喝破していた。

彼は、有名な「南巡講話」のなかで、こう言っている。

「条件のあるところから先に豊かになればよい、その後、遅れた地域も引っ張られて豊かになる」

ここまではよい。講話は、

「社会主義制度は、両極化を防ぎつつ避けることができる」

と続く。つまり、この矛盾を解決するのが、社会主義だと言っているのである。本当にそうであろうか。

だから冒頭のように「社会主義市場経済って何だ……」と、自問自答することになる。

社会主義国家の労働立法

中国の労働立法体系

日本企業の中国での事業展開に支障になるものは何か？　という問いかけに対し、常にトップにあるのは「法制度の未整備」と「制度政策の突然の変更」である。（日中投資貿易促進機構の隔年

に行われるアンケート調査）

この二つの問題は、発展途上国としての中国の一側面をあらわしている。

新しい法律なり、条例が次から次へとでる。

だから、「いやぁ、またすぐ変わるから」と、皆、そう思っているきらいがある。

極端な人になると、「政策あれば、対策あり」ですよと高を括っている。

それがまた、あたらずといえども遠からずで、なんとなく危機をしのいできたことも事実である。

そんな感覚に慣れた日本企業は、ともすれば脇が甘くなる。

もっとも、日本でも戦後にできた労働基準法は、改正に改正を重ねてきている。社会の変化に対応して、労務形態も多様化してきて、法律を変えざるを得なくなったのである。だから、労働法の改正は、当然と受け止める必要がある。

ただ、中国の場合、計画経済から市場経済へと社会制度が大きく変わってきているので、変化に対応する法制度が追い付かない。それが「法制度の未整備」とか「制度政策の突然の変更」となる。労働法の関連は、変わらざるを得なかったし、これからも変わることを日本の経営者は肝に銘ずべきである。

事実、中国の労働立法は、労働システムの進展とともに大きく変わってきている。変化しながら走り続ける労働立法を支える車の両輪は、一九九五年に発令された「労働法」と二〇〇一年に改正された「工会法*」であるが、その後、条例とか実施規定などで、条文が補強されていたり、補足説明がされていたりする。一向に法令遵守しない経営者に対して業を煮やして、国務院法で条例をだして罰則を設けて注意を促したりしている。

日本と中国では、同じ漢字でも定義が違うことが多いことを既に述べた。

同じ漢字表現が随所にでてくるのでつい誤解してしまう。

日本では、労働法という法律はなく、労働関係関連法規をすべて網羅して、総称として労働法と呼んでいる。とくに根幹となる代表的な法律が、労働基準法、労働組合法、労働関係調整法のいわゆる労働三法だ。

だが、中国の「労働法」に直接該当する法律はない。

また、「条例」という言葉も厄介だ。

日本では、「条例」と言えば、地方公共団体が制定した「地方的法規」を指す。

中国では、「条例」は「地方的法規」を指すこともあれば、「全国的法規」を指すこともある。

さらに、法律案の発議についても日本と中国は違う。

ちょっとおさらいをしておくと、日本は議院内閣制であり、法律案を提案できるのは、議員と内閣である。前者は「議員立法」、後者は「閣法」と通称呼ばれる。

「閣法」の制定の主役は、官僚である。そのほか委員会も法律案を提出できる。

中国の場合は、各省庁である。法律の内容によって「主席令」とか「国務院令」として発令される。

そこで、この問題を理解するために、先ず、中国の立法体系を頭に入れる必要がある。

労働立法の切り口でざっとまとめると、次のようになる。頭が痛くなるだけかも知れないが、かくも複雑な労働立法体系であることを理解するために斜め読みをしておいてほしい。

当然のことながら、憲法が最上位にあり、全国人民代表会議で決められる。

中国憲法第四二条に、「国はさまざまなルートを通し、労働就業条件を創造し、労働保護を強化し、労働条件の改善、生産発展を前提に、労働報酬及び福利待遇を向上させる」と、ある。

次が法律で、全国人民代表会議とその常務委員会で決められる。労働法、工会法など、労働立法の根幹に関る法律である。

問題は、その法律に基づく国務院レベルの「実施条例」のような「行政法規」と「部門規定」があり、さらに、各地方の「地方性法規」と「地方性規定」なるものがある。ややこしいが、地方性法規も、規定も、省や市の人民代表大会や常務委員会できまるものから、省や市の人民政府で決まるものがある。

ややこしいなぁ、と思う方には、一例を挙げると少しは整理されるだろうか。つまり、全人代で決められた「労働法」があり、その細則が国レベル、地方レベルでブレークダウンされ「行政法規」や「地方性法規」になる。

時間を経て、労働法を修正したり遵守徹底させたりする必要があったとき、国務院が例えば「労働保障監察条例」のような条例を発令し、さらに国務院の部門委員会で周知徹底させるために、「労働保障監察作業の通知」なるものをだす。

そして、地方に行くと、それらの条例や規定がブレークダウンされて細則になる。地方の省、市レベルの人民代表会議やその常務委員会で「労働就業管理条例」とか「労働保障監察条例強化の通知」を発令し、さらに、省、市レベルの人民政府では、「労働契約管理規定」や「労働契約管理暫定規定」などが定められる。

したがって、膨大な数の「法律」、「条例」、「行政法規」、「部門規定」、「地方性法規」、「地方性規定」が次から次へと誕生して訳が分からなくなる。

だから、日本企業の現地法人、特に工場経営者は、管轄している地方政府の立ち入り検査があり、仮に違反を指摘された場合、どの法令に基づいているのか理解することが、次の対策に繋がる。

労働法と労働契約法のはざま

社会主義計画経済から社会主義市場経済に変わったのが一九九二年であり、新しいシステムのなかで集大成された労働法が一九九五年に発令された。

労働立法については、労働法の対象が多岐にわたり、時代の変遷のなかで、人民代表会議、国務院レベルでものすごい数の法律・条令がでている。とても全部を網羅できないため、ここでは、労働契約に関連した法律を縦糸に、その進展を時系列で簡単にみてみたい。

経済開放から計画経済時代の労働契約にかかわる主な法律と、その背景を時系列で追ってみると次のようになる。

一九七五年　中国は、この年の憲法改正で「公民の権利としてストライキの自由」が一旦認められたが、一九八二年の改正で削除され今日に至っている。

一九七八年　改革開放政策の導入

一九八一年　「門戸を広げ、経済を活性化させて都市の就業問題を解決することに関する若干の規定」にて、従来の「固定工」に加え、契約期限を定めた「契約工」や「臨時工」などの多様な雇用形態が奨励された。

一九八六年　「国営企業労働契約実施暫定規定」の発布
　　　　　　国営企業が新規に採用する「労働者」（ブルーカラー人材）については、全面的に
　　　　　　「契約工」とする旨決定。
一九八八年　「全民所有制企業法」
　　　　　　国営企業に、賃金形式と奨励金分配の自主権が与えられた。
　　　　　　市場経済になって以降、新しい制度に対応するために、主な労働関係法律が改定、あるいは制定
　　　　　　される。
一九九二年　「国営企業労働契約制実施暫定規定の修正に関する決定」
　　　　　　「労働契約制」を「固定工」まで拡大する。
一九九五年　「労働法」
　　　　　　新中国が成立以来、計画経済時代に発令された、法律、法規、条令を集大成した、
　　　　　　最初の基本的な法律である。
　　　　　　基本的な趣旨は、労働者の権益の保護である。企業の権利は、「企業法」、「会社法」
　　　　　　や前述の「全人民所有制企業の経営メカニズムの転換に関する条例」などにより既

に決められている。

最大の特徴の一つは、外資、内資を問わずすべての企業に「労働契約」の締結を義務付けた（第一六条）ことにある。

この「労働契約」の趣旨が、経済の発展とさまざまな構造変化、雇用形態の多様化などによる現実に対応できなくなり、一三年後の二〇〇八年に「労働契約法」として整理され、発令されることになる。

そのほか、「雇用者による従業員解雇制度」、「従業員の辞職制度」、「労使協約」などがあるが、労働基準も制定されている。

ちなみに、賃金については、各省・市が定める最低賃金水準を上回る限りにおいて、企業は、組織の経営上の特性・経済効率を考慮し、独自の賃金分配方式や賃金水準を定めるようになった。（第四七、四八条）

話は少し横道にそれるが、この労働法が誕生する前に、オムロン大連の岡田明総経理**に、膨大な数の関連法律のどれを参考にして会社経営しているのか、と聞いたことがある。

岡田総経理は、膨大すぎて、しかも次から次へと変わってきた法規のどれを参考にすればよいか、まったくお手上げだと嘆いていた。

ことほど左様に、労働関係の法規は整理されておらず、当局と交渉するにも準拠する法律が分からなくて困ったらしい。

二〇〇一年　「工会法」改正

・「工会」設立の義務付け

・「団体交渉権」と「労働協約」締結権の強化

すなわち、工会は、従業員を代表して企業と対等な立場で協議（団体交渉）を行い、労働協約を締結する。企業側が労働協約に違反し、従業員権益を侵害したときは、工会は、法に基づいて企業側の責任を追及できる。

・「非公有企業」における「民主的管理」（経営参加）への言及

二〇〇四年　「労働保障観察条例」

悪質な労働条件を監視し処罰するために、国務院令四二三号として制定された。

この法律は、工会が上手く機能しない現状を踏まえ、労働保障行政部門が直接企業に乗り込んで調査を行い、是正勧告を出し罰則規定によって労働条件を変えさせるものである。

二〇〇八年　「労働契約法」発令

労働法発令後、労働契約制度に関する部門規定、地方性規定が相次いで交付され、各地の規定の不一致が明らかになり、経済の発展の加速、就業難の深刻、労使紛争の頻発に伴い、労働契約について専門的法律の制定と緊迫性が高まった。

「労働契約法」の制定にあたり、次のようなステップを踏んでいるのをみても、相当慎重に審議を重ねたことを物語っている。

二〇〇六年　三月　「労働契約法」第一回審議稿公開
パブリックコメントを募集。一九万件の意見が集まった。

二〇〇六年一二月　全人代常務委員会による「労働契約法」第二回審議実施

二〇〇七年　四月　全人代常務委員会による「労働契約法」第三回審議開始

二〇〇七年　六月　「労働契約法」正式公布

二〇〇八年　一月　「労働契約法」正式実施
また、労働契約法とその周辺の法律が二〇〇八年に続々と発令、施行された。
いずれも、労働者保護の強化を狙ったものである。

労働契約法実施条例　（二〇〇八年）
労働争議調停仲裁法　（二〇〇八年）
就業促進法　（二〇〇八年）
従業員年次有給休暇条例　（二〇〇八年）

このように、新中国成立以来、労働立法が進展してきているが、つまり、古い規定が修正され、新しい法律としてまとめられ、さらに改正され、このような進展過程を辿ってきている。発展途上国としての性格と社会主義市場経済の制度の進展（?）により、将来さらに修正が加えられることは間違いないと思っていたほうがよい。一つ一つの条文の解釈も重要であるが、背後にある歴史的な進展をまず理解しておくことが肝要だろう。

＊　一九五〇年に発布された「工会法」は一九九二年に改正され、二〇〇一年に再び改正された。一般に後者は「改正工会法」と呼ばれている。

＊＊　オムロン大連は、オムロン最初の中国の生産工場で、大連市の開発区に一九九四年に設立された。大連市内で中国企業に委託生産していた健康機器体温計、血圧計などの組み立てから操業が始まり、現在は従業員約二三〇〇名のオムロン健康機器のカンパニーの主力工場に育っている。三資企業法下の独資（一〇〇パーセント外資）の工場である。岡田総経理は、二代目の経営責任者であった。

労働保障に対する意識の変化

「労働保障」という言葉は、中国の労使関係をみるときのキーワードであるが日本人には耳慣れない。

中国では、労働と社会保障に関する制度は、労使が対立することのない社会を前提として定められていた。したがって、労働・社会保障観は労使対立を前提とする資本主義国とは違う。

中国で言う「労働保障」は、政府による労働全般にわたる広範囲の施策を意味しているようだ。次節で触れるが、「労働保障監察条例」と言うように、「労働保障」という言葉が頻繁に使われる。労働者の生存権の確保で、その向上・増進が国の義務だと考えられる。

そこで、労働者にとり何が一番大切な労働保障かと言えば、言うまでもなく雇用問題だ。これは、社会主義国だけでなく、資本主義国も同じである。

よく言われるが、どの国の政府も失業率とインフレ率には敏感であり、この二つをコントロールができない指導者は国民により失脚させられる。民主主義国では選挙に勝てないのである。

改革開放後の労働政策とその対策を辿っていくと、中国労働界で何が起こったのか、また起こっているのかが鮮明にみえてくる。

この問題を解く鍵は、一九九七年に登場した朱鎔基首相の国営企業の改革にある。

新中国誕生から一九九五年の労働法制定までの約半世紀の間、労働者は無契約で、無条件の長期雇用であった。「鉄飯碗」により、生活は、揺り篭から墓場まで、一生保障されて飯の食いっぱぐれがなかった。つまり、ここでいう労働保障があった。

国営企業の合理化に大鉈を振るった朱の改革により従来の鉄飯碗の制度がなくなった。後の第四章「「鉄飯碗」神話」で少々触れるが、その改革の行き過ぎで中国の労働者は基本労働契約なしか、一年～五年の短期契約のなかで働かされていた。つまり、労働無保障、または、期限付き労働保障である。

二〇〇八年一月発令の労働契約法は、この労働契約なし、または短期契約（短期清算型人事）の状態を是正することが最大のポイントになっている。

もう少し詳しく触れてみたい。「労働法」（一九九五年施行）によると、従業員が無条件で「無期限労働契約」を勝ちとるには、「一〇年以上同一企業で勤続し、当事者双方から労働契約の更新に同意すること」が要件になっている。これに対し、「労働契約法」（第一四条）では、この要件に加え、「二回連続して期限付き労働契約を締結し、更に更新する場合」「従業員が勤続一〇年に達しており、かつ法廷定年退職年齢まで一〇年未満である場合」においても、従業員が期限付き契約の締結を申し出た場合を除き、無制限契約を結ばなければならないことになったのである。

かつての鉄飯碗（終身雇用制）に戻ることはないにしても、「契約の二度の延長と一〇年を越えての契約」という場合には、事実上の鉄飯碗につながることになる。従って、二度目の契約終了時、または、契約後一〇年目は企業にとっても、労働者にとっても重要な節目の年となる。

二つの節目の「隙間」の期間には、企業にとっていろいろな対策が必要になる。雇用の硬直性につながる経営の自由度、労働者の反発対策、行政の更なる介入、はては、日本企業の中国進出の見直しにいたる、非常に重要な対策が問われる「隙間」である。一部の中国企業の「隙間」対策は、直截的だ。終身雇用を避けるため、勤続一〇年に近い従業員を解雇し、二回連続して期限付きの労働契約をしている従業員の契約を更新しないといった荒業をやってのける。その結果、労働争議に発展したニュースも多く伝わってきている。日本企業は、そのようななり振り構わぬ対応ができない。よしんばできたとしても次のような悩ましい問題がある。経営の硬直性につながる終身雇用は嫌だが、年数をかけて育てた熟練工や技術者は確保しておきたいという二律背反の問題である。まさに、ハムレットのような心境である。さりとて、この難題を解決する妙案はない。新しい発想が要求される「隙間」でもある。

「労働法」と「労働契約法」は、「朱鎔基改革」を挟んで三点セットになっている。この三つが現在の労働問題の本質を読み解く鍵で、これらを時系列に結ぶ横糸が「労働保障問題」であろう。だから、〇八年一月に発令された労働契約法の条文がセミナーなどで盛んに解説されているが、この三点セットの関連で時系列的に注視しないと本質を見誤ることになりかねない。

中国社会の変化のスピードは速い。まさに、激動である。これに対応する制度・法律の改定もまた早い。新しい「労働契約法」に守られた労働者の保障は、これから先どのように評価され、いつまで続くのだろうか。

歴史は繰り返す。直近の歴史の評価は難しいが、過去を徹底的に勉強しておくことが必要である、とつくづく思う。

労働保障監察条例の実体

政策あれば対策あり

二〇〇四年一二月一〇日、この条例が発令されたとき、日本企業の経営者はほとんどというほど気にも留めなかったようだ。最初にこの条例を読んで警鐘を鳴らされたのは、兵庫県立大学名誉教授の安室憲一教授（現大阪商業大学教授）であった（安室稿「中国の労務管理の実情」『一橋ビジネスレビュー』五二巻四号二〇〇五年）。

安室先生については、これまでに何度も弊著で触れている。

交換教授として一九九六年に曁南（ジーナン）大学で教鞭をとっておられた。中国の労働問題の大家で、驚くほどの頻度で中国を訪問し、実証的な裏付けの下にこの問題を研究されている。

安室先生が嘆いておられた。華南の日本企業の経営者にこの条例が如何に今後の経営に影響するかを説いても、皆、馬耳東風であったという。なかには、「中国では政策あれば、対策ありですよ」と、本気で言っていった経営者がいたらしい。半年後、大連市でこの安室先生の警鐘が現実になる。

何回も言うようだが、中国は、確かに法治国家と人治国家の側面がある。しかし、紛れもなく法治国家である。だが、どんな立派な法律を作っても、それを執行する行政部門がしっかりしてないと絵に描いた餅になる。

大連市のように行政執行能力の高い都市は、法律をしっかり解釈して実行する実力をもっている。

中国の立法体系については、前に詳しく述べた。

中国では、当然のことながら、国家の法律が最上位にくるが、一方では各省や市の人民政府に多くの権限が与えられており、その地方に合った法規が定められる。

国家レベルでは、日本の国会にあたる全国人民代表会議の法律、内閣の国務院の行政法規、国務院の各部会の委員会の部門規定があり、基本法律を強化したり、補足したり、具体的な通知を定めている。

ややこしいのは、各省の人民代表大会およびその常務委員会、比較的大きな市の人民代表会議およびその常務委員会の地方性法規があり、その上に、各省人民政府や比較的大きな市の人民政府の地方性規定があることだ。

だから、労働法に限らず、いろいろな法規・法律がどこで定められているのか調べるのが法解釈の絶対条件である。

例えば、ある都市に進出しようとした企業が、その都市の人民政府の担当者に自社進出の条件を聞いたとする。多くの場合、「全然問題ない」との回答を得る。しかし、それが必ずしも中央政府の定めと同じではないことがある。

つまり、地方政府としては、企業を誘致したいがためにいろいろな優遇策を打ちだしているが、それが必ずしも、中央政府の規定と一致しないことがある。疑義が生じた場合、どちらの定めが優先するかは自明の理である。

さて、話を元に戻すが、労働保障監察条例は、読んで字のごとく労働者保護を謳ったものである。国内企業はもちろんのこと、台湾、韓国、香港の外資系企業の労働条件が劣悪で、労働者搾取により争議が頻発し社会問題になってきた。

国務院は、労働法を周知徹底するために、補足規定を定めたり、法規を遵守しない経営者には罰則などを設けたりした。だから法律と呼ぶより、行政法規と呼んだ方が正しい。

大連市で起きた山猫ストのきっかけは、この条例であったフシがある。

この条例に、残業規定とその罰則がはっきりと定めてある。労働時間は一日八時間、残業時間は一日二時間、月三六時間を越えないことを確認し、これに違反した場合は、一人当たり一〇〇元から五〇〇元の罰金と定めている。

さらに恐ろしいのは、既に述べた通り密告を奨励していることである。密告制度は、我々日本人には馴染みが薄い。というよりも、そもそものような文化がないが、中国は紀元前から奨励している。

常識が非常識か、非常識が常識か

さて、低賃金の労働力を狙って、しかも、労務費を変動費として経営する外資企業は、二交代、三交代のシフトは当然のこと、できるだけ残業を増やして生産性を挙げてきた。また、出稼ぎの労働者も、むしろ残業はお金が入るし歓迎である。

労使のインタレストが一致している範囲ではよかったのだろうが、法定残業時間をはるかにオーバーして操業していたのが現実である。遵法精神に富む日本企業も例外ではなかった。

大連市は、この労働保障監察条例に基づいて、日本企業を調べたら例外なく違反していることがわかった。大連市で最初にストライキが起きたT社では、月平均七二時間の残業をしていたことが判明する。

大連市が行政能力をもった都市であることは、先に述べた。T社の大連工場に先ず、指導が入った。大連市としては、宝の山を掘り当てたと思ったかもしれない。

しかし、結果は、思わぬ方向に発展していく。「政策あれば対策あり」どころではなくなったのである。

第四章

「変」と「不変」を取り持つ文化的DNA

異文化と現地化

ある日突然、「会社を辞めさせてもらいます」と、会社の中国人幹部から通告されてあたふたした経験のある日本人経営者は多い。

幹部候補生として雇用し、あれほど手塩にかけて教育し、日本の工場でも研修させてやったのにけしからん、ということになる。中国人は、個人主義だ、一円でも良い待遇のところへ移るジョブホッパーだと決め付ける。

実は、私も当初はそう思った。オムロン中国の立ち上げで、北京大学とか精華大学から優秀な学生を雇い、幹部候補生として金と時間をかけて教育してきた。が、数年経って、全員辞めてしまった経験がある。当然、けしからんと思った。

結局、「中国人と日本人との文化の差だよね」と、あきらめる。これが日本人経営者の大体の感想である。

そこで、今度は、中国人の従業員の立場に立ってみる。

すると、この会社は、「永く働く価値のない職場だね。早いうちに自分の価値観に合った会社に移ろう」と、いうことになる。

要するに、けしからんと言っている日本人経営者は、自分の会社は中国人にとって魅力のない会社、働き甲斐のある会社でないと言っているに等しい。中国の日本企業の経営者は、中国人の幹部の定着率が悪いのを中国人の個人主義とか、文化の違いにするが、ここに大きな誤解がある。

ある日本の大手企業の経営者に、「御社は『経営の現地化』が進んでいますか」と聞くと、ほとんどの経営者は「本社から任されてやっています」と答えが返ってくる。本社の方も、統括会社などを中国に作り、そこにすべてを任していますと。つまり、現地化が進んでいますということらしいが、ちょっと待ってほしい。

中国における日系企業総経理は、ほとんど日本から派遣されている日本人である。これに対し、米国企業は中国系の人を登用している。古沢昌之大阪商業大学教授の調査によれば、中国における日系企業総経理の九・八パーセントが中国人なのに対し、米国系企業は、八三・二パーセントが中国人である。

中国に進出している日系企業と米国系企業の決定的な違いは、現地化の基本的な考え方にある。日本は、日本人が中心になって中国人を使うという経営であるが、米国は、中国人に最初から経営を任せることにある。当然のことだが、経営幹部から従業員にいたるまで中国人である。

なぜ、米国企業は中国人に経営を任せて、日本企業は中国人に経営を任せられないのだろうか、という単純な疑問が湧く。

米国と日本のグローバル経営の哲学というか、その現地化のシステムが違うようだ。

裏返すと、米国企業は、中国人の経営者を信用しているからこそ成り立っている。その裏には、中国人経営者の採用に当たり徹底的な精査をするし、経営者のモチベーションを高める成果報酬とかストックオプションのようなインセンティブを与える。

二〇〇二年に、訪中団の団長として四川省成都にあるジョンソン&ジョンソンのグループ会社、ヤンセン社（ベルギー）の現地法人ヤンセン社（中国名・西安楊森制薬有限公司）を訪問した際、その会社は社長から従業員まで全員中国人であった。外国人は一人もいないのである。自信たっぷりに対応してくれた中国人の社長は、ストックオプションをもらっていると自慢していた。

最初、中国のその会社のストックオプションかと思ったが、話しているうちに米国の親会社、超優良企業のストックオプションであることに気が付いた。

そして、彼らはそのようなインセンティブをもらって、実績を上げるべく馬車馬のように働くことになる。そのように経営を現地に任せる反面、親会社も徹底的に会計、税務、業務監査する。経営を現地人に任せると同時に、その経営をチェックするシステムが完璧に機能している。

要は、飴と鞭である。

米国のグローバル企業は、このような経営システムを持ってグローバル経営をしている。つまり、親会社たる米国企業とその子会社の中国企業の関係だけでなく、米国企業と外国の子会社の関係にすべてあてはまる。

私の友人に日本IBMの監査役をしていた矢作憲一さんがいる。矢作さんの話だと、IBM本社の監査は、日本企業の一般的応査でなく、テーマ監査で、監査対象となった分野には、一〇人くらいの専門家のチームを編成し、内部統制及び監査基準の基に、過去の経歴も含み徹底的に監査をするらしい。当然社内にはこの時期だけでなく、常時緊張感が張り詰めている。

日本IBMはIBM本社の一〇〇パーセント孫会社（正確には、米IBMの一〇〇パーセント子会社である有限会社アイ・ビー・エム・エーピー・ホールディングスが一〇〇パーセント株式を保有している）であるが、経営は日本人社長に任されている。前社長、現社長も私の友人であるが、社長に指名される前には、米国本社の社長の秘書などを勤め徹底的に教育され、しごかれて（？）社長の椅子を射止めている。彼らは、成果報酬やストックオプションなどを与えられ、大変な実績をあげて億万長者になっている。

そして、前述の監査システムがあり経営のリスクを担保している。

これが、米国式のグローバル経営で、日本にある米国企業の子会社は、すべてこのシステムに乗っているとみていい。だから、米国企業の中国での経営も中国独特なものでないことを肝に銘ずべきだ。

翻って、中国の日本式経営はどうだろうか。日本式経営を日本でやる分には問題がないが、中国で馴染むだろうか。つまり、社長以下、主たる経営陣に日本人を送り込み効率よく経営できるであろうか。

答えは、ノーである。

「日本式経営とは……」と語りだすと長くなるのでここでは触れない。

だから良い人材も集まらないし、集まっても結果的に辞めてしまう。集めては辞められ、集めては辞められの繰り返しである。

もちろん、日本企業も、手をこまねいているわけでなく、人気のないのは承知しており、なんとか人事処遇制度を成果報酬重視のスキームに変えたりして、中国人従業員の興味を引くべく努力している。その結果、多くの日本企業は、成果責任の明確化と能力・成果に基づく適正な評価・処遇の人事諸施策を会社ごとに工夫して実施している。しかし、日本企業の課題は、人事制度の改革に止まらない「マネジメントの革新」にあるように思う。問題は、もっと根が深いというか、経営思想にあるように思われる。

オムロンが一九九七年に中国を含むアジア子会社の企業風土調査を行い、その結果をオムロンウェイとしてまとめたことがある。個人、会社、社会の成長を目指す経営理念として、大いに活用された。いまは、新しい理念体系ができて、この「オムロンウェイ」は使われていない。この調査結果に、縷々のべてきた課題解決のヒントがあると思うのだが……。

「オムロンウェイ」（THE OMRON WAY）には八つの行動規範がある。

一．よき市民　Social Responsibility
二．個人と社会の尊重　Respect for the Individual and Society
三．顧客満足の最大化　Maximum Customer Satisfaction
四．優れた成果の追求　Pursuit of Excellence
五．自己責任　Commitment
六．創造とチャレンジ　Creativity and Challenge

七. チームワーク　Team Work
八. プロとしての自己成長　Professional Growth

二番目に「個人と社会の尊重」が謳われているのに注目していただきたい。

文章と文脈の間にあるのは中国的な理屈

テレビ報道で、北朝鮮の核廃棄に関する六カ国協議の声明文の解釈について、北朝鮮、中国、米国、日本で微妙に違うことを述べていた。北朝鮮は、はっきりと米国のテロ支援国家指定を解除する期間が明確に表現されているとし、中国と韓国は、はっきりとは書いていないがそのようにとれる表現になっているといい、米国は、きっぱりと否定し、日本は、非常に曖昧なコメントをだしていた。

それぞれの国の文化の違いを如実に表していて大変おもしろかった。

欧米は言葉（ランゲージ）の文化であり、日本とイスラムは行間（コンテキスト）の文化である。そして、中国と韓国はその中間だと外国の学者が言っているのを聴いたことがある。

米国は、書いたものが絶対である。日本は、書いたもの、あるいは表現の行間が大切である。だから、英米法の契約で免責されるのは、唯一神の行為（Act of God）である。例えば、台風とか地震などの場合だ。

テレビドラマで犯人が司法取引をする場合、とにかく先に大統領の免責の書類を要求するシーンをよくみる。法律にたけた知能犯ではなく、一般の犯罪人が、である。

日本での同様のシーンでは、刑事が犯人（？）を脅かしたりすかしたりし、とどのつまり「悪いようにしないから、俺を信用しろ」と言ったことがまかり通る。裁かれる方も、大岡裁きを期待してのことであるかもしれない。

中国と韓国は、米国と日本の中間で、言葉の解釈と行間の解釈が半分半分であるとすれば、かなり厄介である。

例えば、小泉元首相が「八月一五日に靖国神社に参拝するのか」と聞かれて、「適切に判断する」と答えていたことがある。多くの日本人には小泉元首相の真意が分かるが、一般の米国人は、行くのか行かないのかまったく分からない。ところが、中国と韓国はある程度想像がつく。したがって、中国の執拗な牽制は、そこら辺を意識してのことであった。

「前向きに検討する」という表現も、欧米人にはイエスかノーか分からないが、中国人と韓国人には、文脈からある程度想像がつくのではないかと思う。

中国との、というか中国人との交渉にあたって、彼らはこの二面性をもっていることを理解する必要がある。中国は、法治国家であることは、間違いない。が、人治国家であることも事実だ。法律があっても、柔軟に解釈して守られないことも多々ある。日本の二六倍、一三億の人口、五六の民族などを考えると、法律の解釈も柔軟に対応せざるを得ない。その方が合理的だからである。

ただ、絶対に間違えてはならないのは、法治があっての人治である。この順序を逆にしてはいけない。ビジネスの上での約束事は、すべて書面にしておくことである。契約上の解釈で争うことがあっても、書面がなければ話にならない。

日本の行間の文化は、日本人同士でも理解しにくい面もある。京都の文化である。よく引き合いにだされるのは、お客が芸子さんを口説いて、芸子さんが「おおきに!」と答えたとする。これがイエスかノーか、東京人には分からないのである。

京都人に言わせると、「おおきに!」のイントネーションが前にあるか後ろにあるかで分かるらしい。「おーきに!」か「おおーきに!」の違いである。しかも、発音がはっきりしないたおやかな京都弁でやられるから始末におえない。

ややこしい交渉ごとには、京都人をだすに限ると思う。私の家内が京都人なので、結婚以来この戦いで苦労している。東男と京女では、男に勝ち目はないようだ。最近の若い人についてはどうだろうか、未だ確かめてない。

闘う中国人と闘わない日本人

日本人は闘わなくなったね、と十数年付き合っている新聞記者との懇談会で誰かが言いだした。何の話題でそうなったか思いだせないが、私には電流のような刺激が体を駆け巡った。ちょうど、日本の労使関係と中国の労使関係の違いを考えていたときで、両国の社会システムの違いからほとんどの説明がつくのだが、どうも何か足らない、と、頭の片隅にもやもやとしたものが残っていた。

ここ数年、中国では労働問題が頻発し、大連の山猫ストは、日本企業のみならず中国政府の関係者の心胆を寒からしめた。現地進出の日本企業の経営者は、結果的に労働者の要求を呑まざるをえなかった。

なぜか？　日本の経営者は、日本での長年の労使関係に慣れ、闘う労働者と面と向き合った経験がなかったからである。

戦後の混乱期、多くの企業は過激な労働組合と対峙し赤旗が立った。経営者側も必死で、過激な組合に対して第二組合（御用組合）を作って対抗したり、社内にあった「睦み会」のような親睦会を労働組合に衣替えしたりしていった。そこには、常に真剣勝負のような雰囲気があった。

戦後から六五年になろうとしているいま、各産業の労働組合のナショナルセンターである連合と経営者を代表とする経団連との間で、いわゆる春闘相場といわれる労働条件の大枠が決められ、それに沿って各産業別組織、各企業の労使交渉が行われる慣例ができ上がった。毎年の春闘は、「闘」との字があるが、どうも闘いとは程遠い感じがする。

しかし、過激な闘いを繰り返してきた労使の関係が、長い年月と労使の努力で成熟した労使関係になったということは間違いないようだ。そして、企業内組合、年功序列、終身雇用という、世界にまれな日本的経営を作り上げ、日本の高度成長に貢献してきたことも間違いない。


皮肉なことに、労使関係が成熟するにつれ、労働組合の組織率は、一九七五年から下がり続け、いまや二〇パーセントを切ってしまった。二〇〇八年の組織率は推定一八・一パーセントである。労働組合の足腰が弱くなり、最近の労使交渉とは名ばかりの交渉で、闘う面影とは程遠い。

そのような労使関係に慣れた会社幹部が、中国の工場の責任者として派遣されるとどんなことが起こるか、想像に難くない。

中国では、労働者の権利意識が向上してきており、賃上げから福利厚生の改善に至るまで、闘って勝ちとろうという意識が強い。しかも、中国人は団体行動をさせたら大変なエネルギーを生みだす。そんなところへ派遣された日本人経営者が団体交渉の場に引っ張りだされたら、なすすべがない。闘い方を知らないからである。

しかも、工場の経営者が労働問題で失敗したら最大の恥で、その経営者の将来にも響いてくる。だから、闘わないで丸く治めようとする。一方、中国人の権利の主張は止まるところがない。

大連の山猫ストは、大連市の指導でなんとか収まったものの、現在の日本人経営者のひ弱な一面を暴露してしまった。

日本では、毎年恒例の春闘が行なわれる。利益の分配をめぐっての労使の応酬が始まり、パート、派遣社員、最低賃金の値上げ、残業代上げ、雇用の確保などの言葉が新聞紙上を賑わす。これも収まるところで収まると、皆、はじめからそう思っている。中国で春闘のような労使の交渉が行われたら、結末はどうなるか背筋の寒くなる話である。

頭の片隅にあったもやもやは晴れたが、晴れた先には将来の修羅場がみえてきた。ファイティングスピリットを失った日本人経営者の右往左往する姿が。

壮絶な中国的団体交渉

偶然、中国人の団体交渉の場に居合わせたことがあった。しかも、中国人同士の団体交渉である。その凄まじさを目の当たりにして、中国人と日本人の団体交渉では日本人に勝ち目はないなぁ、と感じた。

今回の大連の山猫ストの顛末を整理していて、ふと、あのときのことが想いだされた。一人の有能なリーダーが、目的を達成するために、仲間を巧みにまとめて集団の力に強化させていく。その緻密な戦略と粘り強い交渉力には驚嘆した記憶がある。弊著『中国ビジネス旅日記』第一章九「物流の中心・鄭州」にエピソードとして書かれているので、ここに一部再録してみたい。

冬が急ぎ足で訪れてきた一九九八年一〇月、その事件は河南省の省都、鄭州で起きた。出張で滞在していた鄭州の空港から上海経由で帰国する際のことである。

中国人同士の壮絶な（?）交渉を臨場感をもって再現するため、この話はちょっと長くなり、かつ、アナログ的な描写になるがやむをえない。

朝、八時一〇分発の飛行機に乗るため、六時四五分にはホテルを出発する予定であった。ところが外は真っ暗である。初めは冬の太陽がまだ昇らないのかと思っていた。乗り込んだホテルのマイクロバスは、ライトを点けて走り始めたが、前方に何もみえない。

「?・?・?・」

霧が立ち込めているのである。しかも、コンデンスミルクのような霧で、一メートル先もみえない。

それでもホテルのバスの運転手は委細かまわず出発した。毎日、空港とホテルの間を何往復もしているので道を熟知しているらしいが、本当に何もみえないなかを手探りで進むかのように、高速道路を使わず、一般道路を村から村へしずしずと進む。運転手には運転手だけに分かる思惑があるらしい。

普通なら三〇分で行けるところを、一時間以上かかって空港に到着した。乗り遅れてしまったかと発券カウンターに走ると、「延期」とある。それをみてプツンと緊張の糸が切れ、ようやく周りをみまわす余裕ができる。これまたすばらしい空港建物である。できたばかりらしいが、中国の地方の空港としては超一流である。

この雰囲気でなんとなく安心する。人間、余裕がでてくると腹が空くのは事実らしい。これまた立派なカフェテリアで朝食をとる。チェックインして、待合室に入り、窓越しに飛行機をみると、相変わらず霧に包まれたままで発着ハンガーの先がみえない。目を凝らしてよくよくみると、飛行機は一機もみえない。また、不安になる。

悪い予感が的中し、午前中は霧が晴れない。もちろん飛行機は飛んでこない。ないないづくしなのである。

この時点で、上海の乗り継ぎは諦める。

待つことまた数時間。退屈まぎれに、待合ロビーを歩きながら、モニターをみると、われわれの飛行機、中原航空Z2―355便が「延期」から「取消」に変わっている。「取消」はキャンセルである。仰天して、劉さんに調べてもらおうとした矢先、もうインフォメーションカウンターには人だかりができて、係員と客の間で喧嘩ごしの交渉が始まっている。

我々の便を除いて、他はすべて延期のままである。どうやらこの航空会社は朝一番の上海行きだけに乗客が少なく、また、上海から折り返し便で飛行機が飛んでこないこともあって、そうそうに「取消」にしたらしい。係員の説明では、まず霧のなか、パトカーで先導するので乗客はいったん市内に戻るようにとの申し入れであった。おさまらないのはZ2―355便の乗客である。午前中いっぱい待って、突然のキャンセルであり、納得いく説明がなに一つされてない。

当日、空港から午前中に飛ぶ予定の便が一二便あった。乗客は全部チェックインして、登場ロビーで待機している。飛行機は鄭州飛行場には五機しかない。濃霧のため着陸できないので、この五機を使って一二の目的地に乗客を運ぶことになる。

その五機は航空会社三社、つまり西北航空、東方航空と我々が乗る予定であった中原航空に属していた。これを何処に飛ばし、乗客をどう融通するか、気の遠くなるような三元五次方程式（?）を解くような難問である。市場経済移行前の中国では、多分に権威筋による簡単な決定で済んだであろうが、市場経済下の中国ではどう解決するのか。そのときはこちらも必死である。

どちらかというと、経済的な理由で飛ぶ便の優先順位を決めているらしい。

我々には三つの選択肢があった。一つはホテルに帰り翌日の便を利用すること。二つ目はいったん市内にもどり、汽車で上海に行くこと。三つ目はこのまま空港に残り、上海便がでるチャンスに賭けることである。みなの意見は第三の選択肢であった。最初の案を選ぶには明日の便が保証されず、鄭州では運が悪いことにトラブルだらけで、一刻も早くこの地を離れたいという希望にも叶わなかったこと、第二の案は上海まで一四時間の汽車の旅で、この日は急行が一本しかなく切符が買えるかどうかの保証がないことからともに見送り、結局空港に残って、他力本願ながら交渉による解決のチャンスに賭けることにした。

当然のことながら、上海行きの利害が一致するグループが先ずでき、係員と喧嘩腰の交渉が続く。よくみていると、自然発生的にリーダーが生まれ、そのリーダーを中心に団体交渉のような雰囲気となる。

この交渉が延々と続くのである。昼になり、ある航空会社がその乗客に手際よく弁当を配ると、グループは当面の交渉目標を弁当支給に切り替え、強烈な交渉をおこない、弁当を勝ちとる。

ここで、交渉はいったん休憩。弁当を食べている間はみな静かである。腹が一杯になって交渉開始。一段と激しいやり取りになる。東方航空に上海便が一つあり、これに乗れるよう交渉しているというが、東方航空はこの便を飛ばすかどうか決めてないらしい。よしんば飛んでも十分な空席があるかどうか疑問である。

こんなやりとりもあった。劉さんに翻訳してもらうと次のようになる。

「ここに外国人がいる。外国人の席を優先すべきだ。さもないと投資してもらえないぞ」と上海組のリーダー。

「そうだ、そうだ、飛行機を上海にだせ！」と上海組のシュプレヒコール。

「明日、重要な契約交渉がある。破談になったら責任をとってくれるのか」

「そうだ、そうだ、上海行きの飛行機に乗せろ！」

「特約店の一行を連れてきている。このまま残るわけにはいかない。俺のメンツはどうなる」

「そうだ、そうだ、我々を上海行きの飛行機に乗せろ！」

一方、リーダーは我々に向かって、小声で「あなた方は日本人でないことにしてください。日本人とわかると逆効果になりますから」という。対日感情の複雑さを目の当たりにして、こちらもいささか動揺するが、リーダーの冷静さに感服もする。

午後になると、他の航空会社の便も次々に「延期」の表示が「取消」に変わる。当然新しい交渉団がつくられ、それぞれ団交を始める。なにがどうか解決したのか、夕方になり霧が上がり始めると飛行機が飛び始める。

大きな航空会社の、北京などの主力都市向けの便が優先されている。

予定では東方航空の上海行きが一便あるが、この飛行機をどこに飛ばすかは最後まで決められないという。

我々の乗る予定であった中原航空は、三社のなかで最も小さく、既にキャンセルされているので、我々のチャンスは東方航空の上海便が予定通りに飛んで、しかも残された空席をもらえるかどうかしかない。

結局、五機のうち四機とも上海以外の目的地に向かって飛び立ってしまい、最後に一機だけ残った。

ところが、中原航空の温州行きの便も「取消」になったので、この乗客も東方航空の飛行機でいったん上海に行く交渉を始めた。当然、席は限られている。

この最後の一機の席をどう配分するかを、二つの航空会社とそれぞれの乗客グループの間で最後の交渉が行われた。結局、上海組のリーダーの強烈なリーダーシップの下、上海組が温州組に勝った。優劣がはっきりしそうなのを見届けて、劉さんに外の東方航空のカウンターに走ってもらい、新しい切符を買う。キャンセルされた飛行機の荷物を確認してチェックインをし、先に搭乗券だけを確保すべくすばやく動く。

怒り心頭になったのが温州組で、上海行きの搭乗を妨害し、搭乗口の近くで暴動が起こり、ガラスを割るなどして暴れだしたが、ここは公安が取り静めたはずである。

というのは、搭乗開始とともに、脱兎のごとく飛行機に飛び乗ってしまったので、あとのことは承知していないのである。

飛行機が離陸したのは午後八時過ぎ。結局、空港に一二時間近くいたことになる。疲労困憊して口をきく元気もなかったが、中国人の団体交渉の凄さと巧みさをまのあたりにして、神経は張り詰め、緊張はなかなかとけない。

滑走路から「鄭州机場（空港）」の看板を高々とあげた立派な空港ビルがみえた。地方都市も着実に市場経済に向けてハード面を充実してきている。しかし、市場経済のソフト面の充実にはいまだ時間がかかりそうだ。

事の顛末は以上の通りであるが、今になって冷静に考えてみると、示唆に富んだ多くのことがみえてくる。

完成したばかりの新しい飛行場での出来事であり、近代航空産業がようやく発展してきた時期であることを差し引いて考えなくてはいけないが、先ず、飛行場の危機管理が全くできていなかったと言えるのではないか。霧で飛行機が遅れるのはよくあることだが、乗客への説明をしなかったこと、つまり説明責任を果たさなかったことが、このトラブルの最大の原因と思う。

ぎりぎりまで状況を見極めようとしたことも事実であるが、何かが起こったとき、中国の対応の常として情報を開示したがらないことが根底にある。言い換えれば、どうにもならなくなってから知らせるのだ。この場合、直前になって、予定していた飛行機がキャンセルになれば、誰もが途方にくれる。

私は、飛行場での情報開示について同じような苦い経験をしている。ご興味のある方は、弊著『中国商人の知恵』をお読みいただきたい。

ところで、国家と国家、国家と国民、政府と企業、地方政府と農民、資本家（経営陣）と労働者の間には、お互いに利害関係があり紛争になることが多い。統治側は情報を開示して丁寧な説明はしないことが圧倒的に多い。国家と国家の問題は、政治的な問題もあり複雑であるが、中国国内では、論語の影響もあり、どうしても統治者思想が優先してしまうようだ、つまり、統治者と一般大衆という図式である。

「論語・泰伯」に「由らしむべし、知らしむべからず」という有名な言葉がある。「人民は為政者の定めた方針に従わせることができるが、人民すべてになぜこのように定められたかという理由を説明するのは難しい」、というのが本来の意味であるが、「人民は黙って政治に従わせておけばよい、いちいち内容を説明する必要はない」と日本では誤って解釈されることが多い。しかし、現実には、その曲解が当てはまるケースのほうが多いようだ。

そんな伝統（?）が、中国の随所にみられる。だから、説明責任と言っても、はなから説明するつもりはないが、幸か不幸か現在はインターネットとか携帯電話があるので、情報の漏洩があると内容はあっという間に広がってしまう。ならば、誤解が生じないように先に説明しておくべきだと思うが、実際はそうでもないらしい。つまり、統治者に不利な情報を開示したら、その時点で条件闘争になる恐れもあるので、開示のタイミングとか、内容によって、開示するかしないかの微妙な損得の綱引きになる。上が上なら下も下でしたたかである。「政策あれば対策あり」で、どのような施策にも対応できる柔軟さを持っている。

話が大分それてしまった。鄭州空港に話を戻す。

中国の一〇月は、屋内では一年で一番寒く感じるときである（規則で一一月から暖房を入れることになっている）。北京などの政府の建物は広く、中国政府の役人との面談などで、そのなかに長時間いるとしんしんと冷えてくる。まして、ここは鄭州、内陸部である。中央ロビーから離れたところに天井の高い待合室があり、寒さに震えながら、ロビーの喧騒を横目でみて、一二時間にわたる不安なときを過ごしていた。

この事件も元はといえば、空港側がしっかりと「説明責任」を果たせば大騒動にならなかったように思うが、いったん争議になってしまうと、もう収拾がつかなくなる。そのときの中国人の自己主張の凄まじさは、想像を絶するものがあった。ただ、リーダーは言葉こそ激しいが、極めて冷静であったことに、心底感心した。自分たちのことは自分たちで守る姿勢が徹底していて、同時に、長時間にわたる交渉に、まったく疲れもみせず、エネルギッシュに立ち向かう姿は、わが陣営だけに言葉にあらわせないくらい頼もしく感じた。

しかし、彼やこのグループを敵に回したら勝ち目がないな、とこれまた心の底からそう思った。

いつの日か、違った状況下で中国人と真剣勝負をするときがくるだろう。体が震えたのは、寒さだけが原因ではなかったようだ。一〇年前の出来事だが、いま、この悪夢が現実になってきている。

足して二で割る中国式交渉術

「あ、これはまずい」

と、即座に悟った。

交渉の席について、半時間も経っていない。

冷房のない会議室は蒸し暑く、汗が全身から噴出していた。滴り落ちる汗は暑さからくるだけではない。

一九七六年四月、シンガポールでのことである。この日、シンガポール船主と三万三七〇〇トンバルクキャリアー（撒積船（ばらづみ））二隻の新造船受注交渉が始まった。水面下の交渉は一九七五年に既に始まっていて、商談はいよいよ最終段階を迎えていた。

船主はカパルシッピング（Kapal Shipping）で、親会社は国営のケッペル（Keppel）造船所である。この造船所は、当時は修繕船しか扱ってなかったが、英国植民地時代は英国の由緒ある海軍工廠（こうしょう）であった。

当時三井造船にいた私は、シンガポール事務所の内田和也代表（現、明治海運社長）と一緒に社の代表として交渉に当たった。交渉相手は、ケッペル造船所のテック（Chua Chor Teck）社長（故人）とロー（Loh Wing Siew）副社長であった。シンガポール人の大半（七五％）は、中国系である。とくに、政府関係者は殆どが中国系であり、百家や福建省の出身が多い。シンガポールは、第二次世界大戦後一九五九年に英国より自治権を獲得、一九六五年八月九日に立憲共和国として独立した。リーダーたちは皆若く、真面目でエネルギッシュであった。両氏とも三〇歳代であったと思う。みるからに精悍な顔つきである。

英国の植民地であったため、シンガポールの公用語は英語も使われているが、シングリッシュ（シンガポール・イングリッシュ）と呼ばれ、独特の発音で慣れるまで聞きとりにくい。だから、この交渉の最初の数字は聞き間違いかと思った。

この商談は、私が手がけた商談のなかでも最も印象深い案件の一つである。

まず、シンガポール人、つまり、中国系の人との交渉は初めてであったことがあげられる。当時の三井造船は、海運国ノルウエーを始めとするスカンジナビア船主やギリシャ船主、英国海運会社から米国のメジャーオイルまで、いわゆる西欧・米の会社が主たる顧客であり、シンガポールからの受注実績がなかった。

石油ショックの直前に世界に名高いワールドワイド・シッピング（Ｙ・Ｋ・ＰＡＯ一族の会社）という香港船主から四一万トンのＵＬＣＣ（ウルトラ・ラージ・クルードオイル・キャリア）の受注もあったが、このときは、船の値段も狂乱物価で、まったくの売り手市場でまともな受注交渉ではなかった。ところが、バブルがはじけて海運市場が一変した。香港船主にとり不必要になったこの船のキャンセル交渉は、熾烈（しれつ）を極めた。三井造船史に残るこの交渉は、大変興味深いが、細かに記すには、多くの紙面を費やすので残念ながらここではその顛末を省略する。

因みに、当時香港には世界的な二大船主がおり、一人は、前述のＹ・Ｋ・ＰＡＯであり、もう一人がＣ・Ｙ・ＴＵＮＧ（オリエント・オーバーシーズ・ライン）であった。いまは、両者とも亡くなっている。その大富豪Ｃ・Ｙ・ＴＵＮＧの息子が、初代香港特別行政区長官の董健華（ドンジェンファ）である。

私にとり、中国人との交渉はカルチャーショックの連続であった。

ところで、この商談が成立するとシンガポールから日本の造船業界最初の受注となる。これは、造船マンにとって大変名誉なことである。また、三井グループとしても、戦略的な意味が大きかった。

同じ事を考えていたグループがあった。

三菱重工業と三菱グループ、である。

三菱は、輸出船営業部長をシンガポールに送り込んできた。そこで、三井と三菱のグループ挙げての一騎打ちになった。ケッペル造船所のテック社長は、これを逆手にとり、競争意識を煽るような作戦にでた。

交渉前日、同社長は、三井と三菱の交渉団を昼食に招待する。

普通、受注活動で火花を散らしている当事者を同時に食事に招待することなど考えられないことである。むしろ、どこの会社と交渉しているかは、戦略上伏せておくのが得策である。

冒頭の挨拶がふるっていた。

「私たちは、回教徒（隣のマーレーシアを引き合いにだしたか記憶が定かでないが）でないので、一夫多妻という訳にはいかない。ここにおられるに日本を代表する会社は、大変に魅力的でできることなら両社と結婚したい。が、一社を選ばざるを得ないのは誠に残念である……」

食事がのどに通らなかったのは、私だけあるまい。

造船の商談は、本商談のような小型船でも当時船価は約三五億円したし、オイルショック直前の巨大なタンカーULCCともなれば、約二五〇億円もした。造船は世界市場が存在し、市場価格は大体相場が決まっていた。船は世界を股にかけて動くグローバル商品である。運賃や傭船レートは海運市況により決まる。つまり、造船市場は海運市場に、海運市場は世界経済の影響を受ける。


三井造船と三菱重工の提案は、あらゆる角度から徹底的に精査され、総合的に勝っているほうが最終交渉の相手として選ばれる。

造船会社にとっての正念場である。


冒頭のシーンに戻る。


「ミスター増田、御社の値段では、まだ当社の予算にとても届きません。これが、こちらのだせる最大の値段です」

なんと、こちらの提案価格に対して、半分の価格で返してきた。

「……」と、当方絶句。

「こちらも最大限の努力でこの値段を提案しています。なんとか仕様書を見直し、できる限りの努力をしてみます。これこれの値段でいかがでしょうか」

と、再度修正提案をする。

「そうですか、ではこちらも努力してその分値段をあげましょう」

と、テック社長は苦渋の判断をするがごとく風情でカウンターする。

この数回のやりとりで、結末は素人でもわかる。

双方の言い値を足して二で割るようなものである。もちろん実際はそこまでは価格は落ちるわけではないが、問題は、交渉の仕方である。国際マーケットで形成されている市場価格をめぐる交渉ではない。数多くこなした造船契約交渉のなかで、この手法は全く異質で初めての経験であった。まるで、中国の街のお土産屋で、茶碗や掛け軸を買う交渉と同じである。街での買い物は定価があってないようなもので、観光客が価格を決める交渉は一種のゲームのようなものだと、思っていた。このとき初めて中国式価格決定のメカニズムの洗礼を受けた。これは、よしあしではない。カルチャーである。

いずれにせよ、先方の意図がはっきりした以上、このまま交渉を続けると相手の術中に嵌ってしまう。我々の唯一の選択肢は、交渉をリセットして最初からやり直すことしかなかったと思った。

そこで、「これは、まずい」と判断したら、退くのは一刻も早いほうがよい。

開始早々だが交渉を中断した。これも初めての経験である。

こちらが退席して、すんなりと三菱重工に決まった訳でないところもみると三菱も同じような状況に置かれていると推察された。


前述したとおり、グローバル市場である新造船価格は、そのときどきで、ある水準が形成される。だから、仮に三万トンのバラ積船の船値、三五億円がそのマーケット価格であれば、よほどの特殊事情がない限りプラスマイナス一〇パーセントくらいで折り合いがつく。予算に合わせて、仕様水準を双方の努力で落としたりするそれなりの手法はいろいろある。


その後の水面下での交渉は凄まじかった。政府人脈など駆使したり、三井グループとの協力関係のメリット、三井物産と協議、船主の一番の泣き所の積荷の手当ての提案などをし、長い船の寿命のなかで投資が十分回収できる点を縷々説明したりした。紆余曲折の上、三菱を破り、双方納得できる船価で受注に成功した。多分、このときは、総合力で三菱に勝ったのだと思っている。

契約は一九七六年六月九日であった。熾烈な交渉を二ヶ月続けたことになる。

ただ、契約後は、テック社長、ロー副社長とは、個人的に大変親しくなった。交渉は交渉、友人関係は友人関係、と割り切り、わだかまりを残さないのも中国式商談の特徴の一つである。

古い思い出を呼び起こし、長々と述べてきたが、ここで特筆したかったことは、中国人の交渉術である。

極論すると、「足して二で割る」方式だ。落としどころは、最初から決めて戦略を練ってきている。爾来、中国人との商談では、この教訓を守り、前車の轍を二度と踏まぬようにしてきたつもりだ。

中国で買い物する場合、値段を下げろ、下げられないと大議論になる。「足して二で割る」値引き理論で、値引きを前提に価格が既に設定されている。そこまでたどり着くかどうかは、買い手の腕である。観光客などどこの交渉を楽しむ向きがあるが、買い物のたびに交渉するのは、鬱陶しい感じがする。

私の友人の郭莉（グォーリー）女史とは、中国大使館の駐日公使時代、何かの話のついでに、この習慣について話し合ったことがある。中国では、朝、農家からの新鮮な野菜を売る市場が街のいたるところにできる。こんな野菜を売る市場でも中国式交渉が行われるらしい。

彼女は大変忙しい。朝食を作るために、青物市場で食材を仕入れるが、時間がもったいないので売値で買うことにしていると言っていた。

彼女は、いま、香港勤務で中央人民政府駐香港行政区連絡弁公室副主任として活躍されている。

小は、庶民的な朝市から街のお土産の交渉、中は、産業界の商談交渉、大は政府間の外交交渉まで、おおむねこの理論があてはまる。「おおむね」といったのは、交渉事はそれぞれ当事者がもっているカードの強さにより、基本的に優劣が決まるからである。

例えば、中国の開放改革からＷＴＯ加入までの間は、外資のカードは、資金と技術であり、中国のカードは安い労働力であった。この時期は、日本企業は圧倒的に強かった。ＷＴＯ加盟後、日本は、資金というカードを失った。中国は資金が潤沢になったからである。残る日本のカードは技術だけである。中国のカードは、巨大市場である。いまは、中国の方に分があるようだ。すべての交渉ごとは、虚虚実実の駆け引きが行われるが、中国の手持ちのカードが世界最後の巨大市場だけに、今後、中国の交渉術はその本領を発揮してくることは間違いない。

こんな空想ゲームをしてみた。

中国が、日中国境線のすぐ近くの中国側で石油掘削を始めた。日本は、水深数千メートルに埋蔵されている石油は当然日本の領土のものも含まれているので、共同開発を申し入れる。中国は、初めから、その地域での共同開発などする気は毛頭ない。理由は、安全保障問題も絡んでいるからである。国境問題、国境警備の要諦は、その地に軍隊を置くのでなく経済開発をして実効支配をすることにある。

さて、日本からの執拗な申し入れに、日中の共同開発を受け入れることにした。但し、共同開発の場所は、国境線からはるか日本に入ったところ、つまり、「日本の領土内でやりましょう」と回答する。何を寝ぼけたことをと、日本は直ちに拒否する。中国は、「では、その中間でどうですか」と言う。それでも、国境線からかなり入った日本の海域である。

日本政府は無論飲めない。中国は、ではこの話はなかったことにしましょう。従来通り現在の開発は中国でやりますと、いま以上に加速して開発を進める。

こんな外交上のことでも「足して二で割る」論法で押してくる気がする。

無手勝流に相手が現在開発しているところを共同開発いたしましょうと提案しても、相手が飲めないのは火をみるより明らかである。

日本もこれを逆手にとり、中国内の石油がありそうなところで共同して開発しよう、というくらいのことを言えるだろうかと、空想ゲームのなかであるけれど、心配になった。

中国の団体交渉の凄さについては、前に述べている。これに、中国式の交渉術が加わったら、こちらにとてつもなく強いカードがない限り、翻弄されるだけである。つまり、有利な条件なしの状態で日本が中国に勝つのは至難の技であろうとつくづく思う。

上海の「日本刀」

北京オリンピックの余韻の残っている二〇〇八年八月三〇日、上海に四九二メートル、地上一〇一階建ての中国一高いビルが完成した。事業主体は日本の森ビルの現地法人である上海環球金融中心有限公司で、ビル名も「上海環球金融中心」(通称：上海ヒルズ)と名付けられた。

このビルの建設には紆余曲折の歴史があった。二〇〇一年の完成を目指し一九九七年に着工したものの、アジア通貨危機で中断し、その後も米国同時多発テロとかＳＡＲＳで工事再開が遅れた。計画当初は世界一高いビルであったが、竣工が先送りになっていく間に、台湾に「台北１０１」が建てられ、世界一の座を奪われてしまった。

上海に世界一高いビルの建設計画が発表されたときには、大変な話題になった。監修した森ビルの関係者も高揚感に満ちていただろうし、新しいもの好みの上海人にも好意的に受け止めていたのではないか。日本の新聞もそのように報じていた記憶がある。

ところが…である。工事が進むにつれ、「おや…?」と、思う中国人が増えてきたらしい。

何故か？

このビルの外観が日本刀のようにみえてきたからだという。そう言われてみると、ビルの基礎の部分が刀の柄のようで、切っ先鋭い日本刀が天を突き刺すように聳え立っている、ようにみえないこともない。

私が大変懇意にしている中国の大学教授から最初にこの話を聞いたときは、さすがに唖然とした。彼は、非常に真面目で温厚な紳士であり、ブラックユーモアで人を担ぐ人でない。この先生から直接聞いたので、本当なのであろうと考え込んでしまった。

中国人に言わせると、このビルは上海市を睥睨しており、風水上もまことに具合が悪いらしい。要するに、日本の支配を髣髴とさせるのだという。こういう風評は燎原の火のごとく伝わる。

そんなこともあり、さらに調べてみると驚くべき事実が浮かび上がってきた。二〇〇五年の反日デモの際、既に愛国者たちがこのビルのデザインに文句をつけていたのである。当初のデザインは、ビルのてっぺんに丸い穴を開けることになっていた*。この丸い穴が、日の丸にみえるというのが理由であった。つまり、こともあろうに上海の空高く日の丸が掲げられることになると批判したらしい。そのようなこともあり、設計・施工の合理性や展望台としての機能を考慮し、穴の形は丸から四角に変わったようだ。

中国人の文化のなかには、風水が定着しており（弊書『中国商人の知恵』第二章「風水と気の話」参照）、風水を考慮して設計された中国各地の都市のビルは、日本人からみると奇妙奇天烈なものが多い。ニューヨークのマンハッタンや東京の丸の内にみられるような、軒を並べた横並びの長方形のビル群とはまったく趣を異にする。

ビルのなかに、水が引いてあったり、運気を集めて一挙に上昇させるために一階部分が空洞になっており、二階が玄関みたいになっていたりする。銀行とかデパートのように人を集める商売の建物に多いようだ。エスカレーターで二階まであがらないと、エレベーターホールにたどり着けないビルもある。

私もこれに気付いていたが、一階の一番価値のある場所がなぜ空洞になっているのか、風水の話を聞くまでわからなかった。

そこまでこだわるなら、この上海ヒルズに関しても、「なぜ、設計図の段階で問題にしなかったのか」と上海の友人に聞いてみた。すると、「ビルの上部に丸い穴が開いていたのは認識できたが、実際に形になるまで日本刀に似ているなどとは気が付かなかった」という答が返ってきた。

日本刀に似ているという発想は、風水より覇権主義的な匂いがするが、当事者にとっては、青天の霹靂だったに違いない。

「こじつけだ！」と抗弁しても虚しい。誰かが最初に気が付いて指摘し、その情報が皆に共有されると、もう手に負えなくなってしまう。

この話を聞きながら、レピュテーションリスクの怖さを思い出した。レピュテーションリスクとは風評リスクのことで、中国で日本企業が恐れる最大のビジネスリスクである。企業外部から突然押し寄せるリスクと、企業内部から湧きでるリスクの二つがある。

前者のケースは、北京オリンピックのとき、フランスのサルコジ大統領が巻き起こした事件が記憶に新しい。サルコジ大統領がチベット問題への抗議から、オリンピックの開会式を欠席すると言ったために、中国全土のフランス百貨店カルフールの不買運動にまで発展した事件である。結局、サルコジ大統領が欠席を翻意するまで、カルフールにインターネットなどで市民の攻撃が執拗につづいた。

こうした風評リスクは、一旦インターネットで取り上げられたら、始末に終えない。その瞬間から、リスクを越えてクライシスになる可能性を秘めているからだ。

後者のケースは、枚挙に暇（いとま）がないが、大きく分ければ二つの側面がある。

一つ目は、従業員の待遇問題など社内の問題がこじれて、外部を巻き込んでの争議に発展するものである。二つ目は、日本の企業が中国企業から商品を仕入れるときに起こる。記憶に新しいところでは、毒入り餃子や農薬入り野菜の輸入で被害がでたケースである。この場合は、中国の消費者

建設が始まった超高層ビル「上海中央」の完成予想図（右）。左端が「上海環球金融中心」、中央は現在第２位の、「金茂（チンモー）大厦」。（Imaginechina/PANA）

でなく世界の消費者を敵に回すことになる。

労働問題は、つねに火種になるので、細心の注意が必要である。日本企業の経営者は、香港、台湾、韓国そして中国の経営者に比べ、真面目で立派な経営をしているが、従業員の自己主張など中国独特の価値観や彼我の文化の差に戸惑うことも多いようだ。

外部から降りかかってくる火の粉はともかく、内部の火種はすきあらば燃え上がる。全力を尽くしてリスクマネジメントしなければならない。

さて、この中国一高いビルをめぐる感情論を何とかしなければと知恵を絞った結果、面子を重んじる中国人のとった対策は、傑作である。この「上海ヒルズ」よりはるかに高いビルを建てることにしたのである。そして、二〇〇九年四月、上海で新たなビル建設が全面起工した。上海ヒルズよりも一〇〇メートル以上も上回る、高さ六三二メートル、地上一二一階建てで、二〇一四年竣工予定のビルだ。

名称は、「上海中心」という。

このビルは凹凸の多い昇り龍のような中国らしい形状をしている。これも風水からきているのであろうか。

＊　上海ヒルズの設計は、米国建設設計事務所コーン・ペダーセン・フォックス・アソシエイツが担当した。

「鉄飯碗」神話

朱鎔基首相が壊した鉄飯碗

中国の社会の変化は猛スピードである。中国で一日決心が遅れると、日本では一〇日の遅れに匹敵する。一〇日遅れれば、一月の遅れになる。一月遅れれば、一年の遅れになる。ビジネスチャンスは待ってくれない。半導体の開発スピードのムーアの法則も顔負けである。だから、改革のスピードに付いてゆくために、制度、政策の変更は日常茶飯事である。そのことを踏まえたうえで物事を判断しなければならない。

ここで、九〇年代後半の労働者に付いて、ちょっとおさらいをしておきたい。

一九九七年、改革開放を一段と促進するために朱鎔基首相が颯爽と登場した。最大の仕事の一つは、まず国営企業の改革であった。全員が国家の主人公で、聖域であった労働者の整理に着手する。

終身雇用制の廃止である。

とにかく、鉄飯碗と呼ばれ、何から何まで企業が面倒をみていた労働者の首を切ることにしたのだから大変な力仕事である。これが資本主義国であれば、間違いなく赤旗が立つ。

とは言え、社会のシステムがこの鉄飯碗制度でもっていたわけだから、段階を踏んで改革を始めざるを得ない。先ず、下崗という制度を導入した。いわゆるレイオフである。はじめは、このレイオフ対象者に三年の期間を与え、その間に転職の技能を磨くよう指導した。給料は、最低賃金近くまでダウンした。そして、その期間が過ぎても転職できないものは、解雇され、失業することになる。

当初は、この下崗の期間に労働者が自発的に転職していくことを、狙ったと思われるが、見事に思惑が外れる。労働者のほうは、給料が下がっても企業にしがみついていた。なぜなら、解雇されなければ、給料は下がってもいままで通り企業がすべて面倒をみてくれるからである。頼りになるのは失業保険だけであり、これとて期間限定である。その後に、職を得なければ完全失業である。

豪腕宰相は、さらに改革を進めて、レイオフの制度も発展的に条件を厳しくする。中国の発展を漸進主義的発展と呼ぶ。発展の過渡期には、古い制度と新しい制度を併用して存在させる。失業者は増大していくが着実に国営企業の改革は進んでいった。労働者は、雇用契約と成果主義の旗印の下に、新しい時代を生き抜くことになる。少なくとも、悪しき慣例の鉄飯碗、終身雇用制は廃止されたのである。

この時期、労使問題調査団を率いて、中国の国営企業を訪問した。政府関係者に失業率は幾らですかと聞いても人によって数字が全部違う。

四から六パーセント位の回答があったと記憶しているが、統計上、失業者のなかに下崗が入ってないので、都市労働者の失業率は一〇％を越えていたはずである。一方、郷鎮企業とか、民間企業で成功したものは、羽振りがよくなっていく。いわゆる、国民の所得格差がじわじわと広がり始めたのである。

日本でも九〇年代にバブルがはじけ、終身雇用制、年功序列、企業内組合といった、いままで日本経済の発展を支えてきた、日本式経営の三種の神器が問われることになった。

とくにリストラをするにあたって、もはや終身雇用制ではなくなった。同時に、競争力を失った日本製造業は、安い賃金を求めて中国に進出する。そのために、労働力を固定化しないで、変動費として柔軟性をもつことが重要であった。

したがって、この時期、中国政府の思惑と、日本企業の利害が一致したのである。一九九七年は、投資の実行ベースで最高の額を記録した年である。

長々と書いたが、ここで話を戻す。

今回の労働契約法は、日本では労働慣行だった終身雇用制を、中国では法律で定めて奨励している。

日本の製造業の中国進出は、安い労働力をフレキシブルに採用できるのが、最大の魅力であった。終身雇用制となれば経営の自由度が著しく損なわれることになる。

日本では、バブル崩壊後のリストラにどれだけ苦労したか。それも、法律には終身雇用制などとは書いていないが、労働慣行で市場経済だからできたのである。

共産党独裁社会主義では、恣意的に労働者保護という錦の御旗の下に独自に解釈されたら対抗のしようがない。

朱鎔基前首相の国営企業の改革は、終身雇用制をぶち壊して国営企業を改革した。あの改革は何であったのであろうか？

鉄飯碗から瀬戸物の茶碗になったと思ったら、また鉄飯碗に戻ってしまった。これからは、日本企業の中国での経営力が問われることになる。大連の山猫ストの際の現地法人の経営者が味わった苦渋の選択を思いだす。

新鉄飯碗の受益者

日本でも雇用形態の多様化から、労働者も正規社員、派遣、パート、アルバイトなどと呼ばれているが、中国で言う労働者とは、どのように分けられているのであろうか。

大連市の政府スポークスマンの説明では、雇用主が呼称している「固定工」、「臨時工」、「農民工」、「短期雇用工」のほか、「試用期間」「熟練期間」「見習期間」の労働者などが含まれる（二〇〇六年六月二二日、最低賃金基準の説明会）。さらに言えば、中国独特のレイオフ制度の下崗労働者が入っていない。

当局は、下崗労働者を廃止して、解雇即失業として失業保険でカバーする制度に移行する旨、既に発表しているが、まだ地方によってはこの制度が残っているようだ。

労働契約法では、それぞれの労働者に対して個別にかなり詳しく規定しているが、すべて説明しきれていない。他の条項との関連で根本的な問題があることが散見される。

労働法のみならず、中国の憲法上の解釈にも抵触する恐れがある。

例えば、農民工であるが、農民戸籍と都市戸籍が厳然と存在するなかで、期限のない雇用契約を結ぶことができるのであろうか？

現在の日系企業は、ブルーカラーの農民工（本籍は農民）の大半を臨時雇いの準社員としている。ほとんどが労務公司から派遣の形で雇われてもいるが、いずれも工会に入っている。

これら派遣工については、労働契約法六六条によれば臨時的、補助的または代替的な業務を除いて直接雇用に変更が必要になるとも解釈される。労務公司（派遣元）は労働者と二年以上の固定期間契約をしなければならないと規定されたので、途中、契約を解除することが難しくなる。

このように、労働者保護と共産党指導の工会の機能強化をみていくと、深読みすれば、雇用システムは、「無期限契約」すなわち「終身雇用制」の比重が高くなっていくように思われる。

制度・政策が突然変更されるのが中国の特徴であれば、日本企業の経営者も「政策あれば対策あり」とばかりは行かなくなるだろう。

現地化経営は日系企業の必定の道

二〇〇七年、上海証券取引所に悲願の上場を果たしたオムロンに関わりの深い会社がある。上海海隆ソフトウェア株式会社である。会社設立が一九八九年だから一八年かかったことになる。

経営の現地化が大変に進んでいた会社であった。現地化が進んで、なんと現地企業になってしまった。現地経営者による自社企業買収（ＭＢＯ）である。

日本ではよくある話だが、中国では大変に珍しいケースだ。

昨今の若い起業家たちが機運に乗って短期間で上場してしまうのに比べ、この会社は、経営を任された中国人たちの筆舌しがたい苦労と苦難の発展の歴史をもっている。その軌跡はまさにダッチロールのようなものであった。

当時の法律で一部現地資本を名目上入れているが、実質的にはオムロンの一〇〇パーセント子会社であった。最初は、本社研究開発本部の中国研究開発拠点としてスタートした。仕事は研究開発本部で開発していた製品のソフトウェア開発などを担当していた。七〇人の従業員を擁し当時の上海では、ソフトウェアの会社では五指に入る規模の会社であった。しかも、社長は中国人で、従業員全員が中国人と当時では考えられないほど現地化が進んでいた。只、仕事は親会社向けのもので、九〇年代のバブルの崩壊で、親会社自身が仕事をだすこともできなくなり、同社はジリ貧となってしまう。長い間、親方日の丸のぬるま湯に浸っていた経営環境から包叔平総経理をはじめとした経営陣は立ち上がる。

この命題を与えたのが、市原技術本部長（当時）だ。

自力更生である。

オムロンだけを頼りにしないソフトウェア会社に衣替えが始まる。日本の会社向けのソフトウェア開発の体制を整えるためありとあらゆる工夫が始まる。

社長の包さんは、卓越した手腕を発揮する。

日本の会社向けであるから、日本語が喋れることが絶対条件である。社内に日本語教室を二組作り、優秀なものから現場にだす体制を構築する。システムエンジニアは一朝一夕には養成できない。もともとシステムエンジニアなどという職はない。担当する日本の産業の業態を熟知して初めて、システムが組める。包社長自ら陣頭指揮で仕事をとり、オン・ザ・ジョブ・トレーニングで地道に人を育てていく。大手システムメーカーの注文をようやくとれ、これからというとき、とんでもないハプニングが起こる。

中国でのSARSの発症である。

当時、社運をかけてとり組んでいた日本のN社向けのシステム開発がほぼ終わり、日本での検収を行う矢先のことであった。N社はN社で中小企業向け証券システムの入札に備えて入札期限に向けて忙殺されていた。検収を終えトライアルを済ませてシステムが稼動することを確認して始めて入札準備完了となる。当然、締切日までに万端準備を整えなければならない。

システム開発は中国でやっても、実証実験は、日本の現場でやらなければならない。システムを開発した中国の技術者と一緒に対応することになる。

ところが、肝心要の最重要時期に中国人技術者が日本に入国できなくなった。

香港で発生したＳＡＲＳが中国本土に及び、中国政府はパニックになる。結果的には大事に至らず収束したのだが、そのときは、空港での検疫が厳しくなり、入国の際に体温の検査などが、カメラを使って行われた。

病院はもとより、学校や駅などの公共の施設でも体温の測定がなされ、市場から体温計が消えてしまった。上海政府から私に電話があり、なんとか調達可能な数の体温計を送ってほしいとの要請があった。オムロンの大連工場は、体温計を製造していたが、勿論、在庫はなくなり生産が追い付かなかった。オムロン日本にもそんな在庫はなく、笑い話になるが、一旦卸した薬局からかき集めて送り届けたりした。

そんな訳で、ＳＡＲＳがどの程度広がるか分からない不安のなかで、政府の指導もあり、日本企業は、社員の中国出張を禁止した。逆に、中国からの日本出張も禁止した。

勿論、事業は待ってくれない。

「何とか例外を認めてくれませんか」

と、担当者から食い下がられる。

この中国会社は私の職掌範囲にあった。リスクとしては殆どないとしても会社の決定は決定である。が、万一、保菌者が技術者のなかにいて、日本で発症したら会社の社会的責任が追及される。徹底的な現地での身体検査、日本での宿舎を某所にまとめ、N社の協力も得て仕事以外では、外部との接触を断絶するなどの処置を決め、決済の印鑑を押した。お陰で、無事このプロジェクトも完成し、かえって客先から大きな信用を得ることになった。

同社は、経営資源の充実と、中国政府ならびに省、市政府のプロジェクトの受注を図るために、上海交通大学との合弁に踏み切る。オムロン二四パーセント、上海交通大学二五パーセントの出資比率で、社名も上海交大オムロン（二〇〇七年五月から上海海隆ソフトウェア株式会社へ変更）し、外資系企業から中国国内企業に衣替えしたのである。

事業も、日本に事務所を設立し日本企業に営業をかけると同時に、中国向けの事業を積極的に取り組み始める。南京市の港湾ソフトウェアなどの大型商談獲得に成功した。

この時点で、更なる発展をするために、中国ベンチャーキャピタル二社から資本注入を受け、中国版ナスダックの上海証券取引所、深圳証券取引所への上場を目指す経営戦略を打ちだす。

ところが、当時の証券取引法には、国内の証券取引所に上場する会社は、外資系資本が二五パーセント以下でなければならないことが規定されていた。ということは、オムロンが資本を放出して二四パーセントになるということである。つまり、オムロンの会社ではなくなることを意味する。そこで、実質的な支配をするために、オムロンの二四パーセントと包社長ほかオムロンに忠誠な経営者の持ち株を足して実質的に五〇パーセントにする案で行くことになった。これが「上海交大オムロン」誕生の秘話である。

ここにいたって、思わぬ伏兵に会う。

オムロンの社内ルールである。オムロンの保有株式が二五パーセント以下で実質的にコントロールできない非上場会社には、「オムロン」という名前を冠することが禁じられている。一方、中国の証券取引法では、上場する会社は、直前に会社名とか役員を変えることを禁じている、つまり、許認可は、現存の会社そのままであることを前提としている。

さて、ここでとり上げたいのは、この会社の現地化のユニークさである。

当然ながら、董事会（株主総会）が開かれた。

当時の株主は、大株主のオムロン（資本はオムロンの現地統括会社からでている）、上海交通大学、二社のベンチャーキャピタル、そして経営者の顔ぶれであった。そしてオブザーバーとして、当時オムロンの副社長であった私とオムロンの市原さんが出席した。

その日は、会社の命運を左右する会社上場の議案が経営側から提示された。

経営者側に周到な資料を基に、審議が行われた。それぞれの立場で株主は主張するのは当然だ。自立経営とはいえ、オムロンの支援は不可欠であるし、上場して事業を発展させようとすればオムロンに手を引いて貰わねばならない、という二律背反の課題を審議し、方向性を決めるのだから議論は紛糾するのは当たり前だ。議論は延々と続く。

議長の包総経理は、最後に同社の顧問格である私と市原さんに判断を仰ぐ。

私と市原さんの腹は既に固まっていた。

大げさに言えば、

「この時、歴史は動いた」のである。

いま上海海隆ソフトウェア株式会社は、従業員七〇〇人（グループ九〇〇〇名）を抱え、上場後の時価総額は約三〇〇億円になっている。オムロンからの出向者も勿論いない。

しかし、オムロンの委託事業を通じオムロンに貢献している上に、オムロンの持ち株の二四パーセントの時価評価（二〇〇七年）は、約四五億円になっている。

もし、設立時にオムロンから責任者を送り込んで、事業を展開していたらいまだにオムロンの委託生産で細々と事業をしていたか、とっくに撤退していたかもしれない。

いまつくづく思う。企業の「現地化」とはなにか、と。

「究極のカントリーリスク」鳥インフルエンザ

有吉佐和子が『複合汚染』を発表したのは、一九七四年、いまから三五年前のことである。中国は、いま、まさにその複合汚染に悩まされている。工場公害で空気と水と土が汚染されて、ボディブローのように人体にダメージを与えている。

恐ろしいのは、遺伝子に影響を及ぼして、次世代以降に顕在化することである。有吉佐和子は、そのことを三五年も前に予言していたと言える。

いまは亡き上海総領事、杉本信行氏と食事をしたことがあった。北京の大使館の公使から上海の総領事になられた直後だから、二〇〇二年であったと思う。一流ホテルの最上階の中国レストランで、美味しい魚料理を食べながら話は弾んだ。杉本総領事は、私の義弟と一緒の職場だった時代もあり、公私共に懇意にしていただいた。

中国では、魚といえば川魚である。それを丸々蒸して食べるのだが、淡白な味で日本人好みである。

その席で、「増田さん、中国の最大の問題は『水』ですよ」と杉本総領事が力説されたのを、昨日のことのように覚えている。非常に心配げに、熱っぽく語られていたせいか、他の話題は全く覚えていないほどだ。実際、中国の水は、国家を揺るがすほど深刻な問題である。この水問題は、同氏の遺書でもある『大地の咆哮』（ＰＨＰ研究所刊）に一章を割き警鐘を鳴らしておられるので是非お読みいただきたい。

水は、中国にとって死活問題である。内外の識者から再三指摘されている緊急課題だが、状況は日に日に悪化しているようだ。

水量と水質、それぞれに原因があり、お互いに影響しあっている。いまや、黄河の水は涸れて、息も絶え絶えに河口までたどり着き、かろうじて流れ込んだ渤海湾のあたりは、干上がっている。

上流での工業用水の摂取が原因の一つである。地下水も過剰摂取で水脈が低下し、内陸から流れるどころか海の水が逆流してきているという。

一方、工場廃水と生活廃水のため、通常のろ過ではまともには飲めないほど、水質は悪化している。渤海湾の水質も悪化し、いずれ死の海になるだろうと、懸念されている。北京、天津をはじめとする華北の水不足を解消するため、揚子江の水を北に送る「南水北調」プロジェクトが、救世主のように喧伝されているが、その肝心の南の水郷地帯の湖、運河の水は、みるに絶えないほど汚れている。内陸の砂漠化は、水不足に追い討ちをかけている。その砂漠も北京の直ぐ西まできている。緑化運動も盛んだが、木を植えようとして穴を掘ると、塩水の混ざった地下水が毛細管現象で上がってくる。

北京の西の玄関と言われ、一二世紀にマルコポーロが渡った盧溝橋を訪ねたことがある。この橋は、月を背景にした景色で有名であった（盧溝暁月）。その橋の下の黄河の支流である永定（ユンティン）河は、干上がって昔日の面影はない。八〇〇年前とは、景色がまるで違ってしまっている。

水不足は常態化していて、衛生状況を悪化させており、伝染病が何時発生してもおかしくない。肝炎や得体の知れない病気も多いと聞く。

二〇〇二年に流行したＳＡＲＳも、香港の極めて不潔な地域から発生し、本土に広がったといわれている。今度は鳥インフルエンザの流行である。既に、中国の各地で死亡者がでたことは当局も認めている。発表では数人であるが、実態ははるかに多くの人が感染したり、亡くなっていると推測される。ＳＡＲＳのときも、中国は徹底的に隠蔽したが、死者が多くでて隠しおおせなくなってしまった。衛生部の責任者の首が飛んだのは記憶に新しい。

また、肥沃さを欠いてきた土地での野菜の栽培には、生産拡大・成長促進させる多量な農薬や、禁止されている有害な農薬が使われ、人体に入り込んでくる。また、行き過ぎた商業主義は、養殖の蟹や鰻の成長を早め、長持ちさせるために禁じられている薬を使ったりしている。

複合汚染というのは、二つ以上の毒性物質の相加作用および相乗効果である。有吉佐和子は、「微量でも長期にわたって食べ続ければ、これらの農薬は水に溶けにくい物質だから、口から入ったら最後、汗や尿で体外に排泄されることがないし、分解もされにくい」と書いている。ちょっと怖いが本文の一部を引用させてもらう。

「……分かりやすく言えば、排気ガスで汚染された空気を呼吸し、農薬で汚染されたご飯と、多分農薬を使っているが、どんな農薬を使っているのかまるで分からない輸入の小麦と輸入の大豆で作った味噌に、防腐剤を入れ、調味料を入れて味噌汁を作り、着色料の入った佃煮を食べ、米とは別種の農薬がふりかけられている野菜、殺虫剤と着色料の入った日本茶。という具合に、私たちが日常、鼻と口から躰のなかに入れる科学物質の数は、食品添加物だけでも一日に八〇種類と言われている（農薬と大気汚染を勘定すると、何百種類にもなる）……（後略）」

これは、三五年前の日本である。現在の中国の複合汚染は、この比ではない。当時の日本と現在の中国での決定的な差は、水である。幸いにして、日本は、工場排水で汚染はされたものの、水は豊富であった。一方、いまの中国は、水不足である。

そんな複合汚染の副産物として、新型鳥インフルエンザの流行も懸念されている。日本では、当局の神経の使い方が半端ではない。国を挙げて特効薬を買い集め、行政は、発症した場合のシミュレーションや対策の予行演習をしている。それでも日本で発生すれば、三二〇〇万人が感染し六四万人の死者がでるという（厚生労働省　二〇〇八年七月）。

中国の場合、単位が一桁多いであろうことは容易に想像がつく。

二〇〇九年二月一〇日の産経新聞が、パナソニックでは中国駐在員の帯同家族を、新型インフルエンザの世界的流行から守るため、九月までに全員帰国させることを決定したと報じた。

パナソニックは、日本のグローバル企業の盟主で、グローバル事業戦略から高度なリスクマネジメントまで、日本企業にとってのベンチマーク的な存在である。政治社会の情報量も多く、リスクマネージメントも本社主導で徹底している。その企業がとった措置だけに深刻で、影響力は大きいだろう。


また、某社は、駐在員にオープンチケットをもたせたそうである。この意味も極めて重要である。私自身、このオープンチケットで四苦八苦した経験がある。

一九八九年の天安門事件の最中、オムロンの駐在員にも本社から帰国命令が下った。しかし、駐在員の宿舎から日の丸の旗をバンの屋根に付けて空港までたどり着いたのはよいが、空港は帰国者であふれており、なかなか帰国できなかった。そのとき、航空券（オープン）をもっている者が優先的に帰国できることを初めて知った。

リスクマネジメントとは、そこまで徹底してやるものである。


さて、話を元に戻す。

日本の中国進出企業は、現在登録ベースで二万三三五社ある（『二〇〇八年中国貿易外経統計年鑑』)。そして、長期滞在している駐在員と帯同家族は二〇万人以上と推定される(信頼できる統計数字がない)。

改革開放から延べ人数を数えると、とてつもない数字になるはずだ。

複合汚染の怖さは、遺伝子に影響を与えることであり、直接影響を受ける人たちだけでなく、世代を超えて顕在化する。

過去、現在の駐在員で奇病に罹った方、奇病(肝炎などもいれて)で亡くなった方の数を把握している企業はあるだろうか？　一度、調べてみるとよい。

こんなことを調べると、中国駐在員のなり手がなくなる恐れがあるが、真剣に対処する時期にきている。

世間を騒がせた毒餃子の事件は別格としても、禁止されている、または、基準を超えた農薬や保存剤、成長ホルモンの入った食品が、ぞくぞく中国から輸入され日本の食卓を賑わせている。

有吉佐和子が存命なら、現在の中国の複合汚染について、どんな本を書くであろうか。因みに、同氏は一九七八年に訪中した際、中国レポートとして旅行記を書いており、中国農村の農薬による複合汚染について触れているが(『有吉佐和子の中国レポート』新潮社刊)、当時の中国は改革開放直前で産業公害はまだ深刻ではなかった。

杉本総領事との会食では、複合汚染にまでは話が進まなかったように思う。そうでなければ、川魚に舌鼓を打たなかった筈だ……。

世界同時大不況で受けた試練

一〇〇年に一度と言われる世界同時不況が地球を覆ってきた今年（二〇〇九年）三月、その事件は起こった。

しかも、遠く離れた世界の二ヶ所で、同じ時期に同じ事件が起きたのである。一つは、中国の北京で、もう一つは、フランスのパリだ。

リストラをめぐる労使交渉の拗（ねじ）れから、日本企業現地法人の社長が従業員に軟禁されたのである。その企業とは、日本の電機業界を代表する世界に冠たるパナソニックとソニーであった。

事の顛末は次の通り報道された。

中国のパナソニック（北京松下部品有限公司）では、希望退職を募る説明会の席に六〇〇人ほどの従業員が集まり、社長以下幹部を軟禁し抗議活動を行ったという。軟禁された社長は裏の扉から逃げだし、幹部が開放されたのは四時間経ってからである（二月二三日付　中新網）。

ソニーのほうは、フランス法人の工場で、閉鎖に伴う解雇条件をめぐって労使が対立し、セルジュ・フシェ社長らが三月一二日の夕方から一八日の午前にかけて軟禁される騒ぎとなった（三月一四日付朝日新聞夕刊）。

この事件は、リストラについての経営姿勢や文化・商習慣の差が、欧米、日本、中国でそれぞれ違っていて大変興味深い。と、人事みたいに言うのは気が引けるが…。

ここで、少しおさらいをしてみたい。

「文章と文脈の間にある中国的な理屈」の項で、欧米の文化は、言語文化で契約社会であるのに対し、日本文化は行間の文化であり、中国の文化は、その中間にあることは既に述べた。つまり、中国文化は、契約文化であると同時にその行間を読む文化でもある。言ってみれば、法治文化であり、同時に、人治文化という二面性をもつ。したがって、物事に対処するのに「政策あれば、対策あり」と、建前と本音の間にかなり柔軟性が生まれる。

これをリストラに当てはめると、次の通りになる。

日本では、会社の存続が危ぶまれるような厳しい状況になった場合、固定費を切り詰める最後の手段として正社員の雇用調整をする。通常は、希望退職という形をとる。正社員は終身雇用だからである。最近は、雇用形態が複雑になって、正社員に対して非正規社員があり、非正規は期間社員、派遣社員、請負社員の三つのタイプに大別される。企業が結ぶ雇用契約の当事者が本人か派遣会社かで違うが、期間を区切っての契約社員であることに違いはない。この非正規社員は、契約が終われば最初に首を切られる運命にある。

さて、正社員から希望退職者を募るときは、それなりのインセンティブをださないと誰も応募しない。会社の退職金ルール以上の額をだすのは常識である。希望退職する側からみて、その金額が魅力的でなければ誰も応募しない。

従業員は、将来の生活を考えるので、そう簡単に決心がつくものではない。したがって、会社側としては、労働組合の合意はあらかじめとっておき、個人と個別の面接をして希望退職に導くように根気良く説得をしていく。なかには、閑職に追いやられるような嫌がらせもあるようだが、よほどのことがない限りそれなりの結果をだしていく。希望退職は、あくまでも退職の条件が双方一致して初めて、成立する。本人の希望で退職するので、それがストとか労働争議に発展することはない。

欧米の場合はどうか。

昨年（二〇〇八年）一〇月三〇日のソニーの社内会合で、ハワード・ストリンガー会長兼最高経営責任者が次のように語っている（二〇〇九年三月一五日付朝日新聞朝刊）。

「経済危機になると、欧米企業はすぐ工場閉鎖や人員削減を始める。東洋は士気の維持と社会的調和を重んじる。だが、氷山にぶつかれば、そうは言っていられない」、また「『米国の危機でも、どのみち世界中が影響を受ける。これがグローバリゼーションと言うものだ』と、一二月九日には、他社に先駆け一万六〇〇〇人以上の人減らしを含む大規模なリストラ策を公表した」

今回のフランスのケースは、この延長線上にある。

欧米の会社で突然リストラされた従業員が私物を箱にいれて、スゴスゴ会社の玄関からでていくシーンをテレビでよくみる。日本にある欧米系企業のリストラも凄まじい。隣に座っていた同僚が上司から呼びだされて解雇を通告され、帰ってくるなり私物をまとめて即、退出ということは普通に行われている。通告と同時に、机の上のコンピューターは閉められる。契約書に、そのように書いてある。

欧米の企業の子会社がどこの国にあるかということは関係ない。どこにあろうと、欧米企業の旗があがっていれば、欧米の経営者は、その経営理念に従って経営し、その国の文化や慣習などは顧慮しない。

では、中国ではどうであろうか。

中国の労使関係には、正社員という概念はなく、近年、契約をベースとしている。契約社員という意味では、欧米と同じである。しかし、労働契約法により、終身雇用制ともとれる契約社員が登場してきた。この中国的な曖昧さが、運用でトラブルを産むことになる。

これだけでは舌足らずになるので、もう少し説明を加えたい。

かつては、中国国営企業は固定工（終身雇用）制をとっていた。それが、一九八一年になって、契約工制度が一部導入された。一九八六年には先ずブルーカラーが契約工になり、一九九二年には、すべての固定工が契約工になった。ところが、新しくできた労働契約法では、ある条件が満たされると従業員に終身雇用の権利が生ずる。正社員のようなものである。つまり、ここ三〇年の間に雇用のシステムが変わってきている。

契約工の契約期間は短期であり、大体一年から三年位が多い。最低労働条件は、労働法、労働契約法などの法律に細かく定められている。

中国や欧米の企業は、この基準にしたがって労働契約を締結する。一方、日本企業は、家族的な経営に基づき、最低基準をはじめいろいろなベネフィットを、福利厚生として従業員に与えているところが多い。

例えば、年休も法律では年五日と決められているが、会社によっては福利厚生部分として、法定年休に上乗せして提供したりしている。

こういう「温情」こそ、日本的な経営であり、日本では美徳とされている。ところが、中国では「温情」が両刃の剣になる。

パナソニック（松下電子部品有限公司）の場合。

同社の従業員が、社長以下幹部を軟禁し抗議活動を展開したという衝撃的なニュースが飛び込んできたのは、二月二三日のことである。前述したように、希望退職を募る会社の方針に抗議する従業員が六〇〇人くらい集まり、軟禁された社長は裏の扉から逃げだした。幹部が解放されたのは四時間経ってからであった。

二〇〇八年一月に発令された中国の労働契約法は、雇用の終了から人員整理にいたるまで、詳しく規定している（第四章「労働契約の解除および終止」）。

遵法精神に富んだパナソニックが、これらの規定を無視することは絶対にありえない。第一、希望退職の説明会で起きた出来事であり、何も強引に首を切ったわけではない。

とすると、何が原因であったのか。

関係者の話を総合すると、退職保証金の額が少なすぎるということらしい。しかし、これもおかしな話で、労働契約法で退職金についても細かく決めており、それに従って支払おうとしたもので、法的になんら問題はない。

中国の労働契約法によれば、退職保証金は基本的には勤続年数に比例する。例えば、二年勤続した従業員に対しては、一ヶ月分の給与を二年分（合計二か月分）。五年勤続者には、五ヶ月分の給与を払えばよい。ただし、上限は一二ヶ月分、つまり、一二年勤続相当分である。

一二年以上働いた退職者であっても、その上限の一二年分しか払わない規定になっている。保証金の額は、給料の額と勤続年数にある係数を掛けて計算されるが、労働契約法が発布された二〇〇八年一月を挟む場合、北京と上海で解釈が微妙に違うという（高井伸夫弁護士事務所　市橋智峰上海事務所代表）。

今回はこれが問題になったらしい。

仮に、一五年勤務した従業員は、若くして会社に入ったとすれば、四〇歳前後で、最もお金の要る時期である。それが一二年の期限を切られた退職金計算では、文句がでるのもうなずける。経営者の問題というより、法律が未整備なのである。

パナソニック中国の会社の規則は承知していないが、この労働契約法で定められた最低補償額に色付けして希望退職を募っていたことは想像に難くない。

この色付け分に対しての労働者側の不満があったとしたら、労使の条件闘争となる。仮に不満分子が数人いると、すぐ集団交渉ということになり、それが争議に発展しがちである。

再三述べているように、条件闘争となり中国人が徒党を組んだら日本の現地経営者はひとたまりもない。この工場の従業員は、八二〇人ほどいて六〇〇人ほどが抗議で集まったらしい（二〇〇九年三月三日ゲンダイネットより）。

当事者しか分からぬが、ここまできたら解決策は一つである。報酬を上乗せして何とか収集にもっていくそのような措置がとられたものと推察される。

大連の山猫ストの下りでも述べたが、中国進出の日系企業の労使関係は年々難しくなってきている。中国人労働者は、日本企業の経営者の弱腰を読み切っているようだ。六〇〇人の従業員に経営者が軟禁されたのは前代未聞だが、これからは労働条件を巡っての団体交渉が増えていくことは間違いない。中国人の団体交渉の凄まじさは、前述した通りである。

これが日本なら、労働組合と経営者の問題解決のシステムの存在や、上部団体の力を借りたりする方策がある。しかし、中国には、そのような労使関係は存在しないので、不満分子が数人いるとそれですぐ争議になっていく傾向がある。

今回のこの事件は、大連の山猫ストの教訓を思い起こさせる。

事件の情報は、瞬時のうちにパナソニックのグループ会社はもちろんのこと、地域の労働者たちに知れ渡った。パナソニックの北京から重慶に飛び火したことを現地の新聞は報じている。また、北京政府もしっかりと事件の推移を見守っている筈だ。その証拠に、多くの新聞に事の顛末が報道されていた。*

厳しい経済情勢のなかで生き抜くために、中国の日本企業も構造改革を迫られ、ホワイトカラー、ブルーカラーを問わず、雇用調整をせざるを得なくなってくる。希望退職という手段をとる企業があるとすれば、これからは、パナソニックの上乗せ報奨金が基準となるだろう。

日本人経営者はどう対応していけばよいのだろうか。中国各地のコンサルタント、法律事務所、銀行が、駐在員向けに「如何にリストラを成功させるか」といったようなセミナーが花盛りだ。出席した人達に聞いてみると、アドバイスのポイントは、法令の確認、解釈と労使間の交渉、テクニックなどが多いようだ。

それはそれで役に立つと思うが、もう少し踏み込んだ認識が必要かと思う。

リストラ摩擦と現地経営者の資質

もっとも重要と思われることは、経営者の資質が問われていることである。中国には「希望退職」という制度はない。日本企業は、いままで好業績で人員不足が問題になっていた。潮の流れが一気に変わって、現在、余剰人員に悩むことになった。日本でも難しい「希望退職」を、中国でスムースに行うことができるかどうか、経営者の腕が試される。

大事なことは、法律基準に厳正に従うか、または、ルールを決めて厳正に雇用調整をすることである。九〇年代後半の鉄椀首相朱鎔基は、有無を言わさず国営企業の構造改革を断行し、人を整理した。相手が首相であり、時代も違うが、このくらいの意気込みがないと人は切れない。

ともすれば、コンサルタントに丸投げしたり、コンサルタントの言う通りに対応したりする経営者が多いが、自ら渦中に入り陣頭指揮することがなによりも重要である。先に述べたセミナーでも、「社長が従業員に捕まらない式次第」などと真面目に教えているらしい。

中国の労働者は、日本企業の向こうにいる親会社をしっかりとみている。親会社がグローバル企業のような大手であれば、親会社を引っ張りだせばよい条件を引きだせると考えている。労働者側が外部を巻き込むようなことがあれば、親会社はおっとり刀で駆けつけるということを、よく知っているのである。

日本的経営は中国でどこまで通用するのか

中国の労働システムと労働慣行は、日本のそれとは全く違うことを認識すべきである。したがって、安易に日本の慣行をもち込んで希望退職を募集するのは危険である。

日本では、正社員と言えば雇用期間制限はなく、定年まで働くことができるシステムになっている。一方、中国にはそもそも正社員というシステムはない。民間会社はすべて契約制であり、期間は契約で決められる。

だから、契約切れでスムースに退職を促すために、会社の評価制度を作っておく。それが極めて重要であることは、しばしば指摘されている。つまり、一定の評価に従って、退職させる仕組みである。例えば、一年に四回評価をするとすれば、二回最低点を取ったら退職させる権利を会社がもつ…などである。

中国人従業員の潜在的不満を掬いとる

経営陣や管理職を給料の高い日本人が占めれば占めるほど、労働争議になるリスクが高い。現地化が進み、社長を始め経営陣の殆どが中国人であれば、中国人同士の労働争議に対処する知恵も生まれる。現地化の効用の一つである。

大事なことは、日本人対中国人という図式にしないこと。

欧米の企業では、この種のトラブルが少ない。理由は、徹底した経営の現地化である。欧米の会社は、中国人の社長が八三．二パーセントなのに対し、日本企業は九．八パーセントである（大商大古沢教授調査／二〇〇五年）

日本人は、ともすれば、中国社会でも社内でも日本人だけで徒党を組む。

少数の日本人経営陣と、生活の掛かった闘う中国の大集団の労働者が対峙したら、勝ち目はない。日頃から労使のコミュニケーションをよくしておくことは、地道ながら争議を回避する最良の策である。

これからの日本企業は、中国から撤退したり、それこそ人員整理をしたりしていかないと生き延びられない。しかし、ひとつやり方を間違えると命とりになることは、肝に銘ずべきだ。

いつも思うのだが、中国でなにか事件が起こると本当の原因が何処にあるのか、なかなか分からない。日本企業であっても、中国で事業をしている以上、当局との間で複雑な事情を抱えていたり、その企業としても明らかにしたくない理由もあったりして、結果的に隠蔽（いんぺい）が行われる。報道機関も日本の紛争については鬼の首をとったように騒ぐが、こと、中国の事件になると、深堀追いはしない。真相は藪のなかであり、時代の流れのなかで風化していく。

こんなことを幾度となく見聞してきた。

しかし、踏み込んで調べてみると、普段気が付かない事実に触れることがある。当事者にとっては触れられたくない傷かもしれないが、同じ過ちを繰り返さないためにも、日本企業同士が情報を共有することが必要ではないだろうか。それが、今後のトラブルを避ける教訓になったりするので、本質を見据えておくことが肝要だ、とつくづく思う。

その意味で、今回のパナソニックの事件は、他山の石ではない。

＊　京華時報、毎日経済新聞、華龍網訊などに詳しく報道されている。

エピローグ

二〇〇八年に、北京オリンピックが開催された。ここ数年、中国は、この世界的なイベント成功に向けて全精力をつぎ込んできた。国威高揚を内外に示し、中国の経済発展を確固たるものにするためにも絶対に成功しなければならない宿命を負っていた。オリンピック特需という短期的な経済効果だけでなく、これをきっかけにして経済や社会の構造改革を目指していたことは言うまでもない。日本もそうであったし、韓国も然り、オリンピックを境に飛躍的に経済が新しい時代を迎えた。

あらゆるベクトルが北京に向いていた。

そのオリンピックの準備に沸き返るなか、二〇〇八年一月一日に「労働契約法」が発令された。日本国民の大部分は、オリンピックに目を奪われ、毎日のように繰り広げられた人気スポーツの話題で盛り上がっていた。そんな派手な話題に比べると、この新しい法律のマスコミの扱い方も地味であった。

一部のマスコミがとり上げてはいたが、その論評もこの法律の意味するところの本質、と言うか正鵠を射ていないように思える。また、中国のジェトロ、各地の日本商工会、コンサルタント会社がセミナーを開き、この法律の条文の解釈や、その対症療法的な対策を勉強しているが、私には何か違和感が感じられて仕方がなかった。

中国の発展は目覚しい。ありとあらゆることが、同時に怒涛のように押し寄せてきている。この渦中に身をおいて中国の実態を見極めるのは至難のわざである。当面の課題に四苦八苦しているときには、全体像がみえにくい。

第三章で触れているが、この労働契約法を、一歩退いてみると、いろいろな木（大きくは制度や法律、中国独特の文化から、ストライキや工会などの労働問題にいたるまで）があり、中国社会システムのなかで有機的につながっていることが分かる

一九九二年に、共産党が市場経済をとり入れて以来、中国式市場経済は着実に定着し成果を生みつつある。ただし、労働市場だけは例外である。一党独裁社会主義の下では、労働者の活動に大きな制約があるのは厳然たる事実である。市場経済の需要（資本家）と供給（労働者）の間で、諸条件が決まるのでなく、お上（共産党）が常に大枠を決める。だから、お上は、資本家と労働者を同時に保護しなければならない。経済発展の初期は、外国資本を呼び込むために、また、国営企業の構造改革、民営化による資本形成など資本家の育成に比重をおいていた。しかし、近年、経済の発展とともに、資本家と労働者、企業内のホワイトカラーとブルーカラーの所得格差が一段と広がり、労働者の不満は異常に高まってきた。労働者は権利意識に目覚め、その結果、ストライキ、労働争

議や暴動が各地でおこるようになった。年々増加しているのである。共産党が最も恐れる社会不安を目の当たりにし、お上が労働者を保護する比重が高まってきたのは当然の成り行きであろう。つまり、労働法以来の関連法令、条例など制定の流れは、労働者保護の方向に進んできて、この労働契約法は労働者保護の色彩が極めて強いものになっている。

私が中国労働問題にかかわることになったのは、一九九四年に、関西生産性本部、連合大阪、日中経済センターが派遣した訪中団の団長を務めたころからである。その年は、中国最初の労働法が制定され、翌年、一九九五年一月一日に発令された。十数年経った今年、市場経済が時代の変遷とともに進展していくなかで労使関係も進化し、旧労働法だけではカバーしきれなくなった。

労働契約法の登場である。

今回の労働契約法の発令にあたり、中国当局も、日本企業もその対応について右往左往しているが、私は十数年前も同じ経験をした覚えがある。

デジャブである。

十数年間で何が変わってきたのであろうか？　労働関係の仕組みは何も変わっていない。つまり、根本的な解決はなにもできていないのである。

だから、中国政府としては、経済を常に活性化し安定的な高度成長を目指さざるを得ない。そのために、中国政府によれば、成長率は最低八パーセントを確保しなければならないと言う。

根本的な問題を解決できないなかで、不幸なことにリーマン・ブラザーズの破綻に発した一〇〇年に一度の世界金融危機が中国を直撃した。世界の市場は縮小し、輸出主導型の経済構造をもった中国への影響は計り知れない。急に内需拡大といっても構造改革が即座にできるものでない。しかも、中国が、改革開放後グローバル化に組み込まれた経済体制になって経験する本格的な世界不況である。

資本主義市場経済で育った私たちは、一党独裁の社会主義市場経済にいつも違和感を抱いている。中国でビジネスをする以上、郷に入れば郷に従うのは当然であるが、社会の変化の着地点がみえないままに仕事をしている。

いま、中国は歴史的な転換期と言われている。口で言うのは簡単だが、歴史的な大きな流れのなかで変化の本質を見極めるのは容易ではない。

この一三年の間に変化してきた労働者と資本家をめぐる動きや、労働者をめぐる環境の変化のなかに、「変化の本質」を見極めるヒントが内在しているように思える。

はたして、この労働契約法は、何年もつのであろうか……。

謝辞

一九九四年に労働問題をテーマとした視察団の団長として訪中したのがきっかけで、中国の労働問題にとり組むようになり、早くも一五年が経ちました。

初めて視察に訪れたのは、ちょうど中国の最初の体系的な労働法が施行される一年前でした。中国の労働事情が私たち日本人の常識とあまりに違うので、ショックを受けたことを鮮明に覚えています。鄧小平さんの一声で市場経済に突入して間もない頃で、日本とは社会のシステムの違うかの国で労使関係がどのように発展していくのか、興味を覚えたのも事実です。

そんな訳で、訪中団を率いて中国によく行きました。最初は、受け入れ団体の中華総工会との会議で、議論が全く噛み合いませんでしたが、交流の回を重ねるごとにお互いの理解が深まっていきました。結果的に、定点観測になったようです。

視察や会議に出席したときにメモなどをとり、現場からの視点でこの問題を少しずつ書き溜めてきました。ライフワークと言えば聞こえはいいのですが、中国の労働環境や労使関係の現状を知る手がかりとして、なんとかまとめておきたいと思い立ったのが一昨年のことです。

あれから二年余り、多くのお力添えを得て、思いがけなく一冊の本として上梓することができました。弊著が今後の日中関係を模索していく上で少しでもお役に立てるなら、これほど嬉しいことはありません。

当初は、「中国の労働問題」などという硬いテーマだけに、本として出版するのは難しいかな、と思っていました。ところが、でき上がった原稿を、東洋経済新報社の元会長、社長で経済倶楽部理事長の浅野純次氏におみせして相談したところ、大変お忙しいなか、親身になって本の内容から出版にいたるまで、いろいろなアドバイスをいただきました。そして、浅野さんのベスト・ロングセラーの名著『食は医力』を出版した教育評論社で刊行していただくことになりました。浅野さんには感謝しきれないほどのご厚意をいただき、心よりお礼を申し上げたいと思います。

もう一人お礼を申し上げたい方に、大阪商業大学（兵庫県立大学名誉教授）の安室憲一教授がおられます。本になるかどうか悩んでいたときに原稿を隅から隅まで読んでいただき、これは現場の人しか描けない超一級の資料としての価値もある、などと励ましていただいたというか、煽（おだ）てられました。もともと心地よい煽てには弱いので、いつの間にか木に登ってしまった次第です。

オムロンの劉越（リュウユエ）さんは、いつも私の本に登場します。中国人の視点と天性のセンスで文章の推敲や内容のチェックを手伝っていただきました。本当にありがとうございました。また、オムロンの藤原二郎、西川武、児島浩介、楊国華（ヤングォファ）、楊中基（ヤンヂョンジー）各氏には、お忙しいなか、貴重な現場のご意見をいただき感謝いたしております。

また、中国の著名な王青画伯の最新作「来来往往」（一・三五m×二・〇〇m）を表装の下絵に使わせていただきました。上海の画廊でお願いしたところ、快く承諾していただき大変に感謝いたしております。

過去から現代に、また、各地から大都会上海へ集まる人々の往来が醸しだす上海の喧騒たる雰囲気が、本書のモチーフと重なっております。

最後に、出版を引き受けて下さった教育評論社の久保木健治氏には、大変お世話になりました。重ねてお礼申し上げます。

二〇〇九年、古希の祝いの年、寓居にて

解説

大阪商業大学教授・兵庫県立大学名誉教授　安室　憲一

本書は、増田さんの三部作のなかで最も学術性の高い書物である。前書の『中国ビジネス旅日記』、『中国商人の知恵』（ともに東洋経済新報社刊）は、どちらかといえば、ビジネスで訪問した中国各地の歴史や人情、ビジネス慣習を著者の目を通じて描いたものだった。もちろん、そのなかには、本書の主題である中国の労働問題・労使関係がとり上げられている。しかし、三部作の最後に、専門的な視点から、中国の労使関係について深い考察がなされた。前二作と併せて読むと、増田さんの中国に対する深い理解が手にとるようにわかる。

この三部作を通じて増田さんが追い求め、理解しようと努めてきたのは、一言で言えば中国の「国のかたち」である。中国は世界が経験したことのない速度で進化している。中国の「国のかたち」は、どんどん変化している。中国の「国のかたち」を外国人が理解することができるのか、という素朴な疑問もあるだろう。その疑問に対して、増田さんは、オムロンの執行副社長としての「中国経営」の実践、（財）関西生産性本部の中国調査団の団長としての学術的研究、（株）バリデックスでのコンサルティング活動を通じた「現場の指導体験」によって、多面的・多角的な視点から答えている。まさに本書は博覧強記の増田さんならではの偉業である。

表面的な現象をみるかぎり、中国は日本や欧米のような消費経済に突入している。消費者の様々な行動が、きらびやかに躍動している。上海などの大都市を中心に、サラリーマンの生活や消費動向をみる限り、日本とあまり違わなくなっている。むしろ、日本を飛び越して欧米化しているようにさえみえる。「八〇后」と称される、改革開放以降に生まれ、市場経済のなかで育った都会派の若者は、旧い世代の中国人（「七〇后」や「六〇后」）よりも、現代の日本の若者に似た価値観や行動パターンをもっている。今日的な言葉で言えば、旧い中国人は「肉食系」でバイタリティーがあるが、「八〇后」は「草食系」でおとなしい。彼らの価値観、行動パターン、消費性向、とくに日本のアニメ好きをみていると、「新人類」を飛び越え「異星人」のようにみえる。このように、表面的現象をみる限り、中国は変貌したと言わざるを得ない。

ところが、ここに誤解の原因がある。表面だけでは中国はわからないのである。中国人の「ヒトのかたち」は先進国型になりつつあるが、「国のかたち」は「中国の特色のある社会主義」の枠組みを逸脱しない。なぜなのか。個人主義的な中国人の「ヒトのかたち」を前提とすれば、政府がよほどタガを締め、型枠をはめない限り、孫文が心配したように、人民は砂のようにサラサラ離散するかもしれない。エネルギッシュで流動的な中国人の「ヒトのかたち」を放置するとモラルハザードに走り、カオスに陥る危険がある。国家（政府）が社会秩序と価値観、理念において確固たる「国のかたち」を示さないと、社会生活はうまく機能できない。他方、同一文化で単一言語の島国なら、政府が「国のかたち」を規定せずとも社会が保てるだろう。一三億の民、五六の民族では、意識的に政府が「国のかたち」を維持しなければ社会は安定しない。

増田さんは、中国人の「ヒトのかたち」、社会や文化の「伝統のかたち」を確かめつつ、「国のかたち」の理解に迫ろうとした。本書は、中国理解の総集編でもある。

本書の主題は「労働問題」である。なぜ現代中国では労働問題が「国のかたち」の鍵を握るのか。それは中国が「社会主義」を根幹としているからである。なぜ中国ではストライキ権が確立しないのか。それは、階級のない社会主義国では「労使紛争」はありえないからである。あるとすれば、それは社内の労働条件を巡る苦情処理（グリーバンス）である。これは、経営者側と労働者代表が第三者を介して話し合い、職場で解決する。中国の場合、社内の第三者委員会にあたるのが「工会」である。したがって、工会の委員は、共産党の党員でなければならず、通常、主席は人事部長など国の労務資格が必要な職位の人が担当する。工会は、董事（役員）、総経理（社長）以下、守衛に至るまで固定工（正社員）が全員加入する資格をもつ。工会法の改正により、従業員数二五名以上の組織はすべて工会設置の義務を負うようになった。

このように、工会は共産党の下部執行組織であり、日本の労働組合とは性格を異にしている。なぜ、党組織が企業の末端まで監督する必要があるのか。ここに社会主義国の「国のかたち」がある。中国は社会主義市場経済になってから、社会主義制度（計画経済）から離れはしたものの、基本は社会主義である。社会主義の特徴は、労働が「主人公」であり、資本は「手段」である。主人公である「労働」を代表するのが共産党なので、労働争議やストライキというのは、本来ありえない。また、サボタージュのような労働秩序の破壊は、社会主義国家に対する深刻な反逆を意味する。他方、手段としての「資本」については、会計原則をはじめ、かなりルーズである。資本の秩序が揺らいでも、社会主義としての「国のかたち」はビクともしないからである。他方、資本主義では憲法で労働争議権を認め、ストライキがあっても社会が崩壊する危険はない。他方、資本制度が揺らいだら、「国のかたち」が保てなくなる。会計制度は何にもまして厳格に守られなければならない。つまり、資本秩序の揺らぎは「国のかたち」にとって致命傷になるが、労働秩序の揺らぎは困ったことではあっても、深刻な体制的危機にはなりにくい。ここに、中国と西側諸国（いまや死語に等しいが）の違いがあり、中国の「国のかたち」の特異性がある。つまり、本書で詳しく述べられているように、現代中国の「国のかたち」の鍵を握るのが「労働秩序」の保持とそのあり方なのである。

改革開放により、社会主義国なのに外資を受け入れた。制度設計の誤謬はすべてここからはじまる。外資は、投資件数、投資金額（累計）、雇用数、経済的影響力ともに、二〇年前には想像できない規模に膨れ上がった。彼らは、資本主義の世界からきたので、当然のこととして「労使関係」をもち込んだ。工会という労働組織は、本来が国有企業を対象に作られた「苦情処理、親睦、その他よろず労務相談」の制度である。これを資本主義国の「労働組合」に見立てて、労務管理の一端を担わせたことに制度としての無理があった。工会の主席を含む委員の大半が、経営者、管理者、技術者、上級職員であり、党員である。この仕組みは国有企業の伝統である。国有の場合はこれでよい。国有はいわば社会有なので、労働者がオーナーである。その労働代表が共産党員であり、彼らは経営者、管理者、技術者である。彼らのなかから工会役員を選出するので、彼らが経営者であっても、労働代表として矛盾しない。党員という立場が兼任を正当化するのである。

他方、外資系企業の場合、外国人の経営者、管理者は共産党員ではない。だから工会に加入はできても、主席にはなれない。他方、中国人の経営者・管理者は、共産党員であっても「会社側」の人間である。労使関係でいえば、「使」であり、「労」の側には立ちにくい。したがって、ときとともに工会の使命がなし崩しになり、空洞化が避けられない。さらに、私営企業などで経営者と工会幹部が家族や親戚であると、チェック機能が効かなくなる。万事休すで、会社ぐるみの労働搾取（労働法の違反）が始まる。

工会が無機能化する背景には雇用制度の変革がある。国有企業の時代には、ブルーカラーは固定工として終身雇用が保障されていた。それが国有企業改革により、雇用保証のない農民工に置き換えられた。朱鎔基首相の改革によって国有企業における終身雇用制度がなし崩され、制度的には失業保険に置き換えた。これにより、国有企業は社会主義時代のレガシーコストを国に移管することになった。その過程で、多くの人が解雇され、インフレで社会保障の金額の目減りが起こり、リタイア組は悲惨な生活に追いやられた。しかし、この弱者切り捨てにより、国の経済が浮上した。まさに中国は最大の痛みを味わった。

現在、アメリカのGM、フォードが、全盛時代のレガシーコスト（退職者の年金や健康保険の保障）で経営が行き詰まっている。皮肉なことに、この構造は中国国有企業と同じである。朱首相は国民に犠牲を強いた。オバマ大統領も同じことをしなければならないだろう。

朱首相の国有企業改革の結果、労働現場で働く人々は非正規雇用の農民工、彼らを監督する主任以上の管理職は終身雇用という「階級の格差」が生まれた。この構造もまた、日本の「雇用格差」と同じ構造なのである。

旧工会法の規定では、メンバーは正社員に限られていた。新工会法や労働契約法では非正規労働者にも工会の組織化や企業内工会への加入の権利が認められたが、雇用契約の短い彼らには、ほとんどメリットはない。つまり、正社員で構成される「工会」は、労働現場で働く農民工や臨時工の「代表」ではない。大連のストライキのように、農民工のブルーカラーが反乱を起こすと、工会が無力化するのはこのためである。工会幹部が彼らの説得にあたると、かえって強烈な反発を食らう。工会幹部は、経営管理者を兼任しているだけでなく、共産党のエリート幹部である。つまり、体制側の「偉いさん」である。その「偉いさん」がのこのこと説得にくる。虐げられた立場の農民工からすれば、彼らは二重の権力者である。「カッ」となり、増田さんの表現を使えば「このやろう」ということになる。だから、彼らは、最初から逃げをうってストライキ現場に近寄らない。

じつは、この構図は、日本の企業内組合でも同様である。正社員で構成する日本の「企業内組合」も、雇用条件の多様化した労働現場に対応できていない。企業内には、派遣社員や臨時工といった非正規労働の権利を守る労働組織はない。中国同様、日本でも、労働現場で派遣社員や臨時工が反乱を起こす可能性は高まっている。「大連の山猫スト」は、一つ間違えれば、日本の現実になりかねない。

中国で「工会」が無機能化することは、日本の企業内組合が弱体するどころの騒ぎではない。労働秩序の揺らぎは、社会主義国では体制危機に直結する。仮に農民工などの非正規労働者が、共産党の下部執行組織である「工会」（第一組合）に対抗して「第二組合」を作るとしたら、これは明らかに「反体制活動」である。彼らが横に連携してゼネストを討てば、現体制は崩壊に瀕するだろう。これを避けるためには、非正規労働に対する保護を政府の手で行わなければならない。具体的には、労働保障局に大きな権力を与え、法的取締（罰金刑を含む）を強化し、企業内工会を背後から支援しなければならない。それが、「新工会法」、「労働保障監察条例」、「労働契約法」の三点セットの目的である。この労働三法により、経営側の自主権はじわじわと狭められるだろう。労働法を無視していた企業（外資系だけでなく中国の来料加工なども）は、搾取が許されなくなり、海外逃亡を余儀なくされる（これを中国企業の海外進出「走出去」と呼ぶのは噴飯ものである）。しかし、頼みのベトナムも中国同様の「社会主義市場経済」の国であり、その労働法の体系はほとんど中国と変わらない。いずれ、労働法による締め付けが強化されるだろう。

中国の労働三法の狙いは、胡錦涛主席の主唱する「和諧社会」の実現である。鄧小平は「先富論」を唱え、「豊になれるものから先になってよい」と言った。しかし、それは「豊になったものは、貧しいものを助け、彼らの生活を引き上げなければならない」という「儒教的義務」がセットになっている。したがって、鄧小平後の政権は、「内陸部の経済発展と所得の平等化」を実現しなければならない。具体的には、三農問題（農業、農村、農民）の解決と農民工の労働条件の改善である。

三農問題の解決は、農業技術と所得の向上、農村の教育インフラ整備など遅れの改善、年金や健康保険などの社会保障制度の確立である。そのほかにも、植林、水資源、旱魃、農薬や化学肥料に過度に依存しない農業など、問題が山積している。これが解決できないと中国は内部から崩壊する。三農問題と深く関係するのが「農民工」（出稼ぎ労働）の問題である。

中国は「世界の工場」と称賛されるが、実態は低賃金の委託加工（「来料加工」）にすぎない。部品や機材を香港などの自由港から搬入し、華南地方を立地として組立加工し、完成品を香港に輸送する。保税加工区の特権を利用すれば、部品の輸入に関税は掛からず、中国に支払うのは労務費

（労賃）にすぎない。非常に低いマージンで組立加工するので、原材料費の値上がりや人民元の切り上げで、すぐに赤字に転落する。それでなくても、電子機器製品の価格は年率一〇～二〇パーセントも下落する。中国の委託加工企業（EMS）は、規模の拡大によって原価削減を吸収してきたが、それも限界にきた。いきおい労賃の実質的な削減に向かう。ラインスピードを上げる（労働強化）とか、労働法を無視して残業をさせるとか、残業手当（平日で一五〇パーセント以上、休日二〇〇パーセント以上、慶日三〇〇パーセント以上が労働法で定められている）を支払わないとか、不当労働行為が蔓延する。経営の実態を熟知する工会幹部は、違法と知りながら労働強化に加担する。しかも、非正規労働者は工会員ではないので、彼らの農民工に対する扱いは厳しい。非正規労働者の反乱はいつ起きてもおかしくない。

そこで、中央政府（北京政府）は、「来料加工」という中国独特の「下請け制度」の見直しにかかった。鄧小平以来の中国の成長モデルの抜本的改革が「労働契約法」の真の狙である。「来料加工」などの委託生産モデルは、雇用の自由な増減が確保できないと、国際市場の変動に対応できない。終身雇用の条件下では成立しないモデルである。したがって、雇用を非流動的にすることが、委託加工モデルを追い詰めて排除し、労働者の熟練に基づくより高度な製品の生産に向かわしめる施策となる。

しかし、この政策は必ずしも農民工（非正規労働）の「正社員化」を狙ったもとは言えない。社会主義の「三鉄」つまり、「鉄飯碗」（終身雇用）、「鉄椅子」（年功序列）、「鉄工賃」（硬直的な年功給）が、中国の経済を衰退させた。この「三鉄の打破」という改革開放の精神（鄧小平理論）は微塵も変わっていない。そうではなくて、社会主義国において、搾取労働が存在することが原理的におかしいのである。これを是正しなければ社会正義が成り立たない。「なんでもあり」の人治主義ではなく、秩序ある「法治主義」が中国のあるべき姿である。労働者の権利を守り、彼らが転職しても困らないように、熟練と技能を教える。そして低賃金労働を売る国ではなく、知識や技術で食える国にしたいのである。これが胡錦涛政権を支える「共産党青年団」系の学者や若手官僚の考え方である。

つまり、現代中国の「国のかたち」は、社会主義という理念の枠のなかで、市場経済を通じて、人民の暮らしをよくしていくことである。この「理念の枠」をとってしまうと、中国はラテンアメリカ化する。下手をすると以前の国民党時代に逆戻りする。極端な貧富の差と搾取の横行、「国のかたち」の緩やかな崩壊である。民主化は必ずしも社会経済を安定させるとは限らない。欧米諸国は、中間層の拡大があり、市民社会の成熟があって初めて民主主義が成立した。日本も同様である。日本に欧米と比較して遜色のない市民社会が成立したのは、二〇〇〇年以降なのではないか。

増田さんは、本来は欧米を専門としてきた経営者である。欧米駐在が長く、英語で流暢にディスカッションする。ダボスの国際会議でも日本代表として、立派なスピーチを行われた。そうした国際経験と素養があって初めて、中国の「国のかたち」がみえるのだろう。中国専門家は、中国しかみていないので、かえって中国の変化がみえなくなってしまう。増田さんは、無意識のうちに「経営の国際比較」(comparative management) という研究方法を駆使しているのである。

私は、増田さんの腰巾着になってずいぶん海外調査をさせていただいた。インド、ベトナム、ミャンマー、中国の各地を転戦（?）してきた。経営者とは、こういうところに着目し、こういうことを手かがりに状況判断されるのか、と感銘を受ける場面がたくさんあった。これが私の「こやし」になった。一度も会社勤めをしたことのない私が、曲がりなりにも経営学でメシが食えるのは、大学の「鉄飯碗」もあるが、増田さんのおかげである。つたない解説文で本書を損なわないか心配である。これからも実務家として、中国ビジネスを支援し、また楽しんでほしい。増田さんのますますのご活躍とご健勝を願ってやまない。

二〇〇九年五月二五日

参考文献

法令
中国法令（主席令、国務院条令）
「中華人民共和国憲法」／一九七二・一九七五・一九七八・一九八二（改正）
「門戸を広げ、経済を活性化させて都市の就業問題を解決することに関する若干の規定」／一九八一
「国営企業労働契約実施暫定規定」／一九八一
「全民所有制企業法」／一九八八
「国営企業労働契約制実施暫定規定の修正に関する決定」／一九九二
「工会法」／一九九三・二〇〇一（改正）
「労働保護監察条令」／二〇〇四
「労働契約法」／二〇〇八
「労働契約法実施条令」／二〇〇八
「労働争議調停仲裁法」／二〇〇八
「就業促進法」／二〇〇八
「従業員年次休暇条令」／二〇〇八
地方政府条令
「大連市開発区企業労働争議処理暫定規定」／一九九四
中華総工会（第一〇次全国代表会議）「中国工会章程」／一九八三

書籍

中国国家統計局編『中国統計年鑑』／中国統計出版社／毎年度版
中国国家統計局編『中国貿易外経統計年鑑』／中国統計出版社／毎年度版
北京市統計局編『北京市統計年鑑』／中国統計出版社／毎年度版
上海市統計局『上海統計年鑑』／中国統計出版社／毎年度版
伊藤正『鄧小平秘録　上』／産経新聞社／二〇〇八
中国地図出版社編『中国歴史地図　第一巻～第九巻』／中国地図出版社／一九八二
貝塚茂樹『史記』／中公新書／一九六三
寺田隆信『物語　中国の歴史』／中公新書／二〇〇〇
朱建栄『中国　第三の革命』／中公新書／二〇〇二
司馬遼太郎・陳舜臣『対談　中国を考える』／文春文庫／一九九六
小島晋治・丸山松幸『中国近現代史』／岩波新書／二〇〇三)
加地伸行『儒教とは何か』／中公新書／二〇〇二
劉傑『中国人の歴史観』／文春新書／一九九九
金谷治『中国思想を考える』／中公新書／一九九六
何暁昕・三浦国雄監訳・宮崎順子訳『風水探源』／人文書院／一九九七
古沢昌之『グローバル人的資源管理論』／白桃書房／二〇〇八
安室憲一『国際経営行動論』／森山書店／一九八二
安室憲一『中国企業の競争力』／日本経済新聞／二〇〇三
安室憲一『新グローバル経営論』／白桃書房／二〇〇七
安室憲一編　多国籍企業研究会著『多国籍企業文化』／文眞堂／一九九四
神代和欣・連合総合生活開発研究所編『戦後50年産業・雇用・労働史』／日本労働研究機構／一九九五

脇田滋『労働法を考える』／新日本出版社／二〇〇七
杉本信行『大地の咆哮』／ＰＨＰ研究所／二〇〇六
村松暎『中国三千年の体質』／高木書房／一九八〇
高井伸夫『中国で成功する人事労務の戦略技術』／講談社／二〇〇二
高井伸夫共著『「中国ビジネス法務」の実務法務ガイド』／企業研究会／二〇〇四
市橋智峰『「労働契約法とその周辺」対策と実務』中国ビジネス懇話会講演録／関西生産性本部／二〇〇八
スーザンＬ．シャーク著　徳川家広訳『中国・危うい大国』／ＮＨＫ出版／二〇〇八
アレクサンドラ・ハーニー著　漆嶋稔訳「中国貧困絶望工場」／日経ＢＰ／二〇〇八
有吉佐和子『複合汚染』／新潮文庫／一九七七
安枝英訷・西村健一郎共著『労働法「第４版」』／有斐閣双書／一九九五
森林塾同人会『ザ・森林塾』／森林塾／一九九六
増田英樹『中国ビジネス旅日記』／東洋経済新報社／二〇〇〇
増田英樹『中国商人の知恵』／東洋経済新報社／二〇〇二

資料

中国国家統計局「労働と社会保障事業発展統計公報」
中国社会科学院「調査」／二〇〇三
中国社会科学院「二〇〇七年全国主要都市ホワイトカラー給料基準」／二〇〇七
常凱「論文」／一九八二
大学生による「就職人気ランキング」／中華英才網／二〇〇六・七・八
大阪府日中経済交流会「上海市経済交流」／二〇〇五
国際協力銀行・日中投資促進機構「第四次—九次　日系企業アンケート調査　集計・分析結果」／一九九六〜二〇〇〇

七
関西生産性本部　一九九五年度訪中ミッション報告書「中国における生産性向上方策と労使関係の構築を考える」
関西生産性本部　一九九六年度訪中ミッション報告書「中国における人事労務管理と労使関係」
関西生産性本部　二〇〇〇年「中国『人事・雇用戦略』調査団」報告書
関西生産性本部　二〇〇三年「中国『経営・人事戦略』調査団」報告書
経済同友会　一九九八年度経済同友会訪中代表団報告書
経済同友会　二〇〇〇年度経済同友会訪中代表団報告書
古沢昌之「在中国・日系企業における労使関係の現状と課題―「工会」を巡る状況の考察」／国際経済労働研究 Int'lecowk／二〇〇六
古沢昌之「在中国日系企業の集団的労使研究―工会を巡る状況を中心に―国際ビジネス研究学会年報一二号」／二〇〇六
オムロン株式会社「オムロンウェイ」／一九九七
オムロン株式会社「オムロン中国事業の歩み」／二〇〇〇
増田英樹「コロンブス華北同報」／東方通信社／二〇〇四・八
増田英樹「コロンブスチャイナフォーラム」／東方通信社／二〇〇八・九

増田英樹（ますだひでき）

1939年生まれ。63年慶應義塾大学経済学部卒業後、三井造船株式会社に入社。84年に同社退社後、立石電機株式会社（現オムロン株式会社）に入社。執行役員副社長などを経験し2003年に株式会社バリデックスを設立。他に大阪商業大学大学院特別教授、内田総研（北京）国際投資顧問有限公司董事などもつとめる。

オムロン時代、長く国際担当をつとめ、中国事業開発本部長、欧姆龍中国（集団）有限公司社長を歴任し、中国事業の立ち上げ、育成に手腕を発揮。経済同友会産業懇談会代表世話人、中国委員会副委員長、又、関西生産性本部国際交流委員会副委員長などを歴任した経済界屈指の中国通。

著書に『中国ビジネス旅日記』『中国商人の知恵』（ともに東洋経済新報社）。

装丁　花村　広

カバー絵　王青

階級のない国の格差

誰も知らない中国労働事情

2009年7月11日　初版第1刷発行

2010年1月26日　初版第2刷発行

著　者　増田英樹

発行者　阿部黄瀬

発行所　株式会社教育評論社

〒103-0001

東京都中央区日本橋小伝馬町2-5　F・Kビル

TEL　03-3664-5851

FAX　03-3664-5816

http://www.kyohyo.co.jp

印刷製本　萩原印刷株式会社

ISBN 978-4-905706-40-3